定年後の仕事と暮らし

60歳の迎え方

河野純子

KADOKAWA

60歳の迎え方　定年後の仕事と暮らし

目次

第二章　私の60歳の迎え方　ジタバタした50代のその先に

第三章　60歳からの仕事　「小さな仕事」を長く続ける

第四章 60歳からの暮らし 健康、家族、住まい、つながり

第五章 自分らしい60歳へ 「ライフシフトの法則」 203

はじめに

60歳へ。「ライフシフトの旅」を始めよう

60歳は、人生の大きな節目。会社員であれば多くの人が定年を迎える年齢ですし、なんといっても「還暦」です。かつては「赤いちゃんちゃんこ」で長寿をお祝いしてもらい、引退生活へとライフシフトできましたが、いつのまにか人生は100年時代に。この先も続く40年という人生をどう生きていけばいいのか、多くの人がモヤモヤとした気持ちを抱いています。特に女性の場合は、まだ身近に定年を迎えた先輩が少なく、男女間の年金格差もあります。「人生100年時代」もまず女性にやってくるという現実をふまえれば、不安も大きいはずです。

こうした不安も丁寧に紐解《ひもと》いていけば対策が見えてきます。そしてしっかり準備をすれば、60歳からの人生は、おそらくいま皆さんが思っている以上に、自由で楽しいものです。本書はワクワクとした気持ちで60歳を迎えるために、知っておきたいこと、やっておきたいことをまとめた「ライフシフトの旅」のガイドブックです。私が53歳

で会社員を卒業し、「人生１００年時代のライフデザイン」を研究しながらジタバタと動いて学んだたくさんのことを、これから続々と定年を迎える均等法第一世代の女性たち、少し後輩の40～50代前半の女性たちに届けたいと思っています。

一番の不安は、健康やお金より「ありたい自分」

第一章は旅の準備編です。まず私たちがこれから生きていく「人生１００年時代」を正しく理解することから始めます。「人生１００年時代」の二大不安は健康とお金ですが、健康に関するさまざまなデータや、受け取れる年金額と支出から試算した生涯収支をみてみると、それほど心配はいらないことがわかります。そして健康やお金よりも、一番の不安は「ありたい自分」が見えないことなのだと気づくはずです。50代は「第二の思春期」。60歳へ向けての「ライフシフトの旅」は、「ありたい自分」を探す旅なのです。

この「ありたい自分を探す旅」は意外と長旅になるかもしれず、先送りせずに早めに旅立つことがお勧めです。その実例として、第二章で私の「ライフシフトの旅」の記録を紹介します。私は会社員という働き方に限界を感じて53歳で会社員を卒業しましたが、「ありたい自分」と出会うまでには5年という月日がかかりました。先ほども書いた通りかなりジタバタしていて恥ずかしいのですが、だからこそ60歳を迎えたいま、自分らしい場所に立てていると思います。

好きな分野で「小さな仕事」を立ち上げる

第三章では、自分が好きな分野で「小さな仕事」を立ち上げる方法を考えていきます。自分で仕事を立ち上げるということは、自営業やフリーランスとなって、自分で自分を雇うということ。定年も自分で決められますから、生涯現役で働くことも可能です。そしてなにより、好きな分野での仕事ですから、やっていて楽しいし、努力もするからスキルも磨かれ、長く続けることができます。これこそが私たちが目標とする60歳からの働き方なのです。

自分で仕事を立ち上げるなんて無理と思うかもしれませんが、それほど多くの収入を得る必要はありません。私たちがもらえる年金額を考慮すれば、平均すると月5～10万円ぐらいの収入が得られれば十分です。

やりたいことがわからない、特別な資格も特技もない、という方も安心してください。ここでは全くの未経験の分野でゼロから学んで仕事を始めた先輩たちの事例から浮かび上がった、「やりたいことを見つける8つのアプローチ方法」を紹介します。

「人生100年時代」は、新しいことを学ぶ時間もたっぷりあります。これから何かを見つけて仕事にすること、子どもの頃からやってみたかったことに挑戦することも十分可能なのです。

気になる健康、家族、住まい、つながり

60歳からの「ありたい自分」を考える上で、気になることは仕事だけではありません。第四章では、暮らし全般について私自身が学んでよかったと感じたことをシェアしていきます。まず身体と心の健康を維持していくことは、60歳からの人生を楽しむベースです。健康寿命を延ばすためにすべきことを整理すると、基本は食事、運動、睡眠ですが、元気だから働くのではなく、働くから元気になるという事実も知っておきましょう。

「人生100年時代」は、家族のあり方も多様化していきます。介護の形もいろいろですが、自営業やフリーランスという働き方にシフトすることによって、両立しやすくなることは安心材料です。60歳前後で卒婚する人もいれば、還暦婚する人もいます。自分らしい家族の形を模索することが、「ありたい自分」につながることもあります。

またさまざまな研究から、「住まい」と「人とのつながり」の豊かさが、私たちの

幸福と深く関係することがわかっています。リモートワークの普及に加えて、会社員から卒業することによって、住まい選びはぐんと自由に。また地域とのつながりは、いざというときにも安心です。幸福度アップのために、住まいのあり方や人とのつながりについても考えておきましょう。

33人のライフシフターから学びを

本書には、これまでの私の研究と、私が参加しているソーシャルベンチャー、ライフシフト・ジャパンでの活動を通じて出会ったライフシフター（ライフシフトの実践者）33人が登場します。まだ定年を迎えた女性のロールモデルが少ないので、男性や元会社員以外など幅広いライフシフターが登場しますが、その体験談からは多くのヒントが得られるはずです。また私が主催している「Good Over 60's女性たちのライフシフト研究会」（以下「Good Over 60's」）での学びの成果も盛り込んでいます。

第五章には、ライフシフト・ジャパンが開発した「ライフシフトの法則」を収録しました。これは100人以上のライフシフターにインタビューを重ねた結果わかった、ライフシフトを前に進める共通法則。この法則を知っておけば、皆さんの「ライフシフトの旅」がぐんと前に進みやすくなるはずです。また100年ライフをデザインするワークショップ「LIFE SHIFT JOURNEY」の中で使っている実践的なワークも紹介しています。ぜひ皆さんも実際に使ってみてください。

私たちがロールモデルとなって

これから60歳を迎える私たち均等法第一世代の女性たちは、これまでも道なき道を走ってきました。育児休業制度がまだ整わない中で、四苦八苦しながら子育てをしてきた人もいるでしょう。女性初の管理職として、悩みながら自分らしいスタイルを模索してきた人もいます。ずっとロールモデルはいなかったのです。だから60歳の迎え方についても、ロールモデルを探すのではなく、私たち自身がロールモデルになっていけばいいのだと思います。

日本は高齢社会のトップランナー。世界一、寿命が長い日本の女性たちが、100年ライフをワクワク楽しく生きていけば、日本も世界もシニア層に対する意識が変わるかもしれません。個性豊かな「小さな仕事」を続けながら、それぞれの人生を楽しむ女性たちであふれる国。素敵じゃないですか？　これまでまじめに仕事に向き合ってきた私たちには、十分な基礎力がついています。家族の変化に対応したり、いくつもの役割を同時にこなしてきた女性たちには、「変わるチカラ」も備わっています。

だから大丈夫です。自信を持って「ライフシフトの旅」に出かけましょう。時間というギフトを手に入れた私たちは、どんな自分にでもなれるのです。会社のため、家族のためではなく、自分が主人公の人生へ。本書が「旅のガイドブック」としてお役に立てることを祈っています。

※33人のライフシフターの年齢や仕事内容は原則として、取材当時のものです。

第一章

60歳からの時間

人生100年時代のリアル

人生100年時代ってどんな時代？

「人生100年時代」はまず女性にやってくる

60歳を迎える準備を始めるにあたって、まず考えておきたいことは60歳以降の「人生の長さ」です。いまや「人生100年時代」という言葉が当たり前のように使われていますが、果たして本当なのでしょうか。この「人生100年時代」という言葉を頻繁に耳にするようになったのは、書籍『LIFE SHIFT 100年時代の人生戦略』（リンダ・グラットン、アンドリュー・スコット著 池村千秋訳 東洋経済新報社、以下『LIFE SHIFT』）が出版された2016年以降のこと。この本で紹介された「2007年に日本で生まれた子どもたちの約半数は、107歳まで生きる」（アメリカ・カリフォルニア大学とドイツ・マックスプランク研究所）という予測は大きなインパクトがありました。そして平均寿命は10年に2〜3年のペースで延びていることから、1967年生まれの日本人（私たち世代！）の平均寿命は95〜99歳という計算になります。子どもたち世代の話ではなく、私たち世代の人生が100年になってきているというのです。

それって本当？　そう思っている人もいるかもしれません。そうですよね。厚生労働省が毎年、日本人の平均寿命を発表していますが、最新データをみても女性で87・14歳、男性で81・09歳（2023年）。コロナ禍で少し後退はしたものの、長期的に見れば平均寿命はどんどん延びていますが、とはいえまだ80歳代。90歳にも届かず、100歳なんて程遠い数字です。ですから「人生100年時代」という言葉は、急速な高齢化で財政が逼迫《ひっぱく》している政府と、不動産投資や健康食品などを扱う民間企業がこぞってキャンペーン的に使用しているだけで、実際「人生100年時代」なんてまだまだ先、あるいはやってこないと考える人がいることもわかります。

でも私は、すでに人生100年時代はやってきていると認識して準備を始めることが賢明だと思っています。なぜならば『LIFE SHIFT』で紹介されたデータのほうが、厚生労働省のデータよりも納得感があるからです。

厚生労働省のいう「平均寿命」は、いま0歳の子どもが何歳まで生きるかを「現在の年齢別死亡率」を掛けていくことで算出する「ピリオド平均寿命」。0歳の子どもがこれから生きていく80年以上の年月の間に起こるであろう、医療の進歩やヘルスケア意識の向上はいっさい見込まれていません。

一方『LIFE SHIFT』で紹介されたデータは、これからの医療分野の進歩を見込んだ「コーホート平均寿命」。あくまで推計ではありますが、昨今の医療分野の目覚ましい発展を考えれば、皆さんもこちらのほうが現実味があると思いませんか？『ＬＩＦＥ ＳＨＩＦＴ』の中には、人間の寿命は１１０〜１２０歳まで延びる、さらには生物学的な上限はなく科学とテクノロジーの進歩で何百年にも及ぶと主張する研究者の話も紹介され、これらの研究成果からも「人生１００年時代」が説得力のあるものだと感じられるのです。

そしてもう１つ、認識しておきたいことは「人生１００年時代」は、まず日本の女性、私たちにやってくるということです。日本人の平均寿命は世界1位で84・3歳（ＷＨＯ ２０２３年）ですが、男女別にみると前述の通り女性のほうが６歳長い。現在60歳の人の平均余命も、女性は28・91年、男性は23・68年。同じように60歳で定年を迎えても、その先の人生の長さは女性のほうが5年上回るということになります。

実際に１００歳を迎えた日本人の性別を見ても男女差は明らかです。老人福祉法が制定された１９６３年には１５３人しかいなかった１００歳以上の人は、２０２３年には９万２１３９人に増えていますが、そのうち89％が女性です。男性より女性の寿命が長いのは世界的な傾向で、その理由はホルモンの影響やヘルスケア意識の差などと言われていますが、いずれにしても私たち日本人女性こそが、「人生１００年時代」のトップランナー。「自分は世界に先駆けて１００歳まで生きる可能性が十分にある」

と自覚して、しっかりと向き合っていく必要があるのです。

あなたはワクワク派？　どんより派？

さあ、皆さん、覚悟は決まりましたか？　私たちはすでに人生１００年時代を生きている。つまり60歳からの時間は、40年もあるのです。その前提で、この先の人生をどう生きていくのか、いまからどんな準備をしておけばいいのかを考えていきましょう。

そもそも「長寿」というのは、これまでの人類の進歩の証《あかし》、喜ばしいことであるはずです。けれども実際に１００歳まで生きるってどういうことなのか、周囲を見渡しても１００歳を迎えた人はほとんど見当たらず、不安だらけですよね。ライフシフト・ジャパンが実施した調査でも、「人生１００年時代と聞いてワクワクしますか？どんよりしますか？」という質問に対して、「ワクワクする」という人はわずか６・１％。「どちらかというとワクワクする」を加えても、38・8％に過ぎません。61・2％の人が、どんよりしています（「人生１００年時代マインド調査」ライフシフト・ジャパン株式会社　２０２２年）。

その理由として大きいのは、やはり健康とお金の不安です。「寿命が延びても健康寿命はさほど延びず、要介護の期間が長くなるだけ」「子どもや周囲に迷惑をかけてまで長生きしたくない」「老後資金２０００万円不足問題！　いったいいつまで働けばいいのでしょうか」「80歳までを想定して預貯金をしてきたけれど、プラス20年と言われると途方にくれます」。そんな声が聞こえてきました。

健康とお金以外にも、定年後の生きがい、孤独、介護サービスのクオリティ、政治不信、環境問題、世界の紛争などなど、先行き不透明な未来に対してあらゆる不安が寄せられています。確かに暗いニュースも多く、変化も激しい。不安の種は尽きません。けれども不安がっているだけでは適切な準備はできません。逆に漠然とした不安をひとつひとつ紐解いていけば、対策も見えてきます。せっかく人類が望んで手に入れた長寿なのですから、ワクワク楽しむ方法を考えていきましょう。

「健康寿命75歳」の誤解

まず健康への不安について考えてみます。いくら寿命が長くなっても、健康でなければ意味がないですよね。そこで「寿命が延びても健康寿命はさほど延びず、要介護の期間が長くなるだけ」という代表的な不安を紐解いていきます。

日本の女性たちの「健康寿命」は現在、75・38歳（厚生労働省　２０１９年）。データが発表されるようになった2001年からの延びは2・73年です。同期間の平均寿命の延び（2・52歳）以上に延びていますし、国をあげて今後も延ばそうとしているので、「健康寿命は平均寿命ほど延びない」というのは間違いといえそうです。

問題は平均寿命との差です。ここでは厚生労働省のデータ同士で比較をしますが、女性の場合、2019年の平均寿命が87・45歳ですから、健康寿命との間には12・07年もの差があります（男性は8・73年）。これを聞くと、12年も要介護状態で生きていかなければならないのかと暗い気持ちになるかもしれません。でもそれも間違いです。

「健康寿命」をとらえる指標はいくつかあるのですが、先ほど紹介した「健康寿命」は、「日常生活に制限のない期間の平均」をあらわしたもの。私たちがもっともよく耳にする指標で、3年に一度実施されている「国民生活基礎調査」で「あなたは現在、健康上の問題で日常生活に何か影響がありますか」と尋ねて、「ない」と回答した人は健康、「ある」と回答した人は「不健康」とみなして計算しています。したがって、「不健康」すなわち「要介護」ということではないのです。周囲を見渡してみても75歳前後の女性はすこぶる元気ですよね。でも「最近ちょっと膝《ひざ》が痛くてテニスができないから、制限ありだわ」と回答すると、「不健康」に分類されることになるわけです。

それでは実際に介護が必要となるのは何歳ぐらいからなのでしょうか。参考となるのが、健康寿命を示すサブ的な指標、「日常生活動作が自立している期間の平均」です。これは介護保険制度における「要介護2」以上になるまでの年齢の平均を示したもの。介護保険の認定には、要支援1～2、要介護1～5の7段階がありますが、「要介護2」とは「歩行、洗身、爪切り、薬の内服、金銭の管理、簡単な調理といった日常生活能力が低下している状態」（厚生労働省資料）のことです。「要介護1」は基本的な日常生活はひとりででき、部分的に手助けが必要という状態ですが、「要介護2」になると身体能力だけでなく理解力の低下もみられ、日常生活全般に見守りや手助けが必要な状態となります。

いわゆる「寝たきり」にあたるのは「要介護4」以上なのでまだ先ですが、自立した暮らしができなくなるのが何歳かは知っておきたいところです。では「要介護2」になる年齢はというと、先ほどの「健康寿命」よりぐんと延びて、女性は84・18歳、男性は79・91歳です（2019年）。平均寿命にかなり近づき、要介護の期間は2～3年ということになります。

えっそうなの？　と少しほっとする数字ではないですか？　もちろん個人差はありますが、実際に介護を経験した人を対象とした介護期間に関する調査（生命保険文化センター「生命保険に関する全国実態調査」2021年）でも、介護の平均期間は5年1か月。遠からずの数字がでています。ですから、平均寿命を87歳とした場合、75歳ぐらいで身体のどこかに支障はでるけれど、その後9年は自立して暮らしていける、84歳から介護サービスを3年間利用して天寿を全うするというのが厚生労働省のデータから見えてくる平均的な老いの姿です。

女性の体力年齢はこの20年間で10歳若返っている

これを「人生100年時代」、つまりこれからの私たちの40年に置き換えるとどうなるでしょうか。書籍『LIFE SHIFT』には、医療分野の進歩やヘルスケア意識の向上で、「人生100年時代は健康な期間が長くなる」という見解が示されています。

例えば高齢期の不安の1つである認知症についても、この先20年で治療薬の研究に大きな進展があるだろうとの見方が紹介されています。実際に『LIFE SHIFT』の出版から7年後の2023年12月には、日本の製薬メーカーであるエーザイから、アルツハイマー病の進行を緩やかにする効果を科学的に証明したはじめての薬が発売になりました。「認知症治療の新たな一歩！」と話題になりましたよね。こんなニュースを見ていると医療分野の進歩は本当なのだと実感できます。

また文部科学省が実施している新体力テストの高齢者の結果をみると、この20年で日本の女性の体力年齢は10歳若返っています。このテストは、65〜79歳の男女を対象に、握力や上体起こし、障害物歩行など6項目の能力を測定するもの。なんとテストが始まった1998年の60代後半の女性の結果と、2018年の70代後半の女性の結果がほぼイコールなのです。20年で10歳若返るってすごいですよね。

20年で10歳若返るということは、この先40年で20歳若返るかもしれません。つまり40年後、私たちは100歳になりますが、体力的にはいまの80歳並みということです。つまあ、そこまではいかないにしても、先ほど紹介した2つの「健康寿命」の指標から10歳ぐらいは若返ると考えてもいいのではないでしょうか。つまり私たちのこの先の40年は85歳ぐらいまでは至って元気な「アクティブ期」を過ごし、そこから少し具合が悪いところが出るかもしれないけれど95歳ぐらいまでは自立して暮らせる「セルフケア期」を迎え、95歳から介護サービスを利用する「要介護期」に入る、そんなイメージを持つことができるのではないかと思います。

しかも健康寿命は個人の努力で延ばすことができます。実際に元気な先輩たちは健康的な食事、適度な運動、定期的なヘルスチェック、ストレスのない生活、良い人間関係などちゃんとケアをしています。そのあたりは第四章で詳しく紹介しますが、いずれにしても、健康に関しては楽観的に考えていいというのが私の結論です。人生100年時代は健康に長生きできる時代。健康寿命を95歳とするならば、この先、健康な35年が私たちを待っているのです。少し明るい気持ちになりませんか？

老後資金2000万円不足問題

いやいや、そうは言ってもお金の問題が……。そうですよね。ではもうひとつの大きな不安、お金について考えていきましょう。お金の不安といえば、まず思い浮かべるのが「老後資金2000万円不足問題」という人も多いはず。これは2019年に金融庁のワーキンググループがまとめた報告書に記載された試算で、当時「年金だけじゃ2000万円も足りないのか！」と大きな騒ぎになり、国会でも取り上げられました。

ご存じの方も多いかと思いますが、2000万円という数字の根拠をおさらいしておきましょう。これは夫65歳以上、妻60歳以上の無職世帯の平均的な月収（年金がメインで20万9198円）と平均的な支出（26万3718円）の差が5万4520円という単純な引き算をベースとした試算です。月5万4520円の赤字ということは、年間にすれば65万4240円の赤字、30年間（夫95歳、妻90歳）とすれば約2000万円の赤字となり、その分の金融資産を貯めておく必要があるということです。

当然ながら収入も支出も人それぞれ。例えばこの試算上の妻は専業主婦の設定ですから、働き続けて自分で厚生年金を納めてきた女性とは年金額が大きく違います。そもそも、60歳からずっと無職という設定も現実的ではないですよね。従って２０００万円という数字がひとり歩きしてしまいましたが、これはあくまで一例。自分に必要な「老後資金」がいくらかは、自分自身でシミュレーションしてみないとわからないということになります。

お金の不安を解決する唯一の方法

では自分に必要な「老後資金」はいくらなのでしょうか。ここでまず考えなければいけないのが、いつまで収入を伴う仕事をして、いつからを「老後」と考えるのかという点です。それによって必要な「老後資金」が大きく異なります。

「人生80年時代」は、多くの人が60歳で定年を迎えて、そこからが「老後」。年金をもらいながら悠々自適に暮らすことができました。「人生１００年時代」はどうでしょうか。いつまで収入を伴う仕事をしていく必要があるのでしょうか。

答えは「できるだけ長く」です。「Live Longer, Work Longer（長く生き、長く働く）」。この言葉は、経済協力開発機構（ＯＥＣＤ）が２００６年にまとめた報告書の原題です。日本語版の訳者で労働政策の第一人者である濱口桂一郎《はまぐちけいいちろう》氏は、「これこそが高齢社会の雇用と社会保障政策の責任ある唯一の答え。世界的にはもはや疑問を呈する人がいないぐらい一致した結論」だと書いています（濱口桂一郎『日本の雇用と中高年』ちくま新書）。つまり「長寿社会は長く働く社会」だということは、もう20年近く前から繰り返し言われている世界的な結論なのです。

内閣府が60歳以上の男女に実施した調査でも「何歳ぐらいまで収入をともなう仕事をしたいですか？」という問いに対するもっとも多い回答は「働けるうちはいつまでも」で36・7％（内閣府「現在収入のある仕事をしている人の回答／高齢者の経済生活に関する調査」2019年）。「80歳ぐらいまで」が7・6％、「75歳ぐらいまで」が19・3％、「70歳ぐらいまで」が23・4％。ここまでの合計が87％という結果です。

では「働けるうち」とはいつまでなのかというと、前述の通り私たちは85歳ぐらいまでは「アクティブ期」なので普通に働けます。それ以降も95歳までは自立して暮らせますから、働き続けることもできるでしょう。仕事の能力も、リクルートワークス研究所の調査を見ると、年齢を重ねてもそれほど大きな低下は感じられません。あくまで自己評価ですが、年代別にこの5年間で「能力が向上した」と感じる人から「能力が低下した」と感じる人を引いた指数は、60代後半でマイナス11％、70代後半でもマイナス14・5％です。能力別にみると、「処理力」「論理的思考力」は低下するものの、「対人能力」は伸び続けるという結果が出ています（リクルートワークス研究所

「シニアの就労実態調査」２０２1年）。

つまり私たちは95歳まで働けると考えてＯＫ、理想は生涯現役、「老後」なんて言葉は死語といいたいところですが、ここは頑張りすぎず、「90歳まで収入を伴う仕事をする」ことを目標としてみてはどうかと思います。90歳以降も決して「老後＝隠居」ではなく、収入にはこだわらずボランティアなどで社会活動は続けて、生涯現役を目指すというイメージです。

お金のためだけでは続かない

90歳まで働く。そう聞いて皆さんはどう思いますか？　90歳まで働けたらお金の心配はいらないかもしれないけれど、いったいどうやって？　きっとそう思いますよね。

確かにそうです。私たちは人生１００年時代のトップランナー、まだ身近にロールモデルがいないので、自分が90歳まで働いている姿は想像しにくいですよね。でも安心してください。さまざまなデータや専門家の話、そしてすでにチャレンジを始めている先輩たちの話を聞いていると、私たちはこれから90歳まで十分に働いていくことが可能だと思えてきます。しかもいまよりもっと楽しく、自分らしく、です。

この「楽しく、自分らしく」というところは、とても大事なポイントです。お金のためだけに90歳まで働かなければならないと思うと、それは辛すぎます。紆余曲折ありつつも、私たちがこれまで働き続けてきた理由は、経済的な自立のためだけではなく、そこに楽しさがあったからですよね。これからもそうでなければ、とてもあと30年も働き続けることはできません。

最近、仕事が楽しくないという人も、思い返してみてください。20代のころの自分と比べたら、仕事を通じてずいぶん成長できたはずです。人に喜ばれたり、何かをみんなで成し遂げたり、社会に役立ったと思えた経験、さまざまな出会いなど、働いていなかったら得られなかったものがたくさんあったと思います。これからもそんな楽しさを、もっと自分らしい形で味わっていけるのです。

90歳まで楽しく働き続ける

では、どうすれば私たちは90歳まで、いまよりもっと楽しく自分らしく働き続けることができるのでしょうか。３つのキーワードをご紹介します。

1　小さな仕事でOK

90歳まで働くことを前提として「生涯収支」を試算してみると、月々はそれほど多くの収入を得る必要がないことがわかります。したがってこれからは収入よりもやりがいや、自分の好きを基準にして仕事を選ぶことができるのです。

2 自分で自分を雇う

長く働き続けるためにはいつかは会社員を卒業し、自分で定年を決められる「雇われない働き方」にシフトする必要があります。そうすることで厄介な組織の論理から離れて、自分の裁量で、自分らしく働けるようになります。これは実に楽しいことです。

3 時間を味方につける

私たちには時間という強い味方がついています。いまこれといった特技や専門性がなくても、これから新たに学んで、「雇われない働き方」へとシフトする時間がたっぷりあるのです。いまから、なりたい自分になれると考えるとワクワクしませんか?

時間を味方につけて必要なことを学び、自分の好きな分野で小さな仕事を立ち上げて、自分のペースで続けていく。これが90歳まで楽しく働き続ける作戦です。

これからの働き方1　小さな仕事でOK

60歳からの支出は大幅にダウン

まず、これからは小さな仕事でOK！　という根拠を紹介していきます。実際にこれからどれぐらいの収入を目指せばいいのかは、それぞれの家計の事情やライフスタイル次第ではありますが、平均データを使った生涯収支から試算してみます。

まず支出についてです。一般的に言えば60歳からの支出は大幅にダウンします。その理由は人生の二大出費である教育費と住居費が大きく減るからです。皆さんも60歳になるまでには子どもが独立して教育費の出費はなくなり、住宅ローンも退職金で完済できるという人が多いのではないでしょうか。

データをみると、65歳以上の無職夫婦2人世帯の場合、月々の平均支出額は28万2497円（総務省統計局「家計調査年報」2023年）です。50代の勤労世帯（2人以上）の月49万6772円と比べると、21万4275円少なくなっています。

教育費や住宅ローンが減るのはわかるけれど、60歳以降は医療費が増えるのでは？

と心配している人もいるかもしれません。けれども上記の支出の内訳で確認してみると、65歳以上の無職夫婦2人世帯で保健医療費は、月1万6879円、単身世帯で7981円。それほど大きな金額ではありません。入院などで高額の医療費がかかった場合も、収入に応じて自己負担額の上限がある「高額療養費制度」を利用できますし、民間の保険に入っていればより安心です（この機会に保険の中身の確認はしたほうがよいですが）。

将来介護が必要となった場合の備えはいくら必要でしょうか。私たちが要介護2になるのは95歳と想定、それから100歳までの5年間は介護サービスを利用するとしましょう。私たちは40歳から介護保険料を払ってきているので、公的な介護サービスを自己負担1割（収入によっては2〜3割）で利用できます。どんな介護を受けたいかでかかる費用は大きく異なりますが、実際にかかった費用の平均として580万円（1人）というデータがあります（生命保険文化センター「生命保険に関する全国実態調査」2021年）。内訳は初期費用（介護ベッドの購入や住宅の改修など）で74万円、その後のサービス利用料が506万円（月8・3万円×介護期間5年1か月）です。日々の暮らしの予算とは別に用意すべき資金の目安となるかと思います。

退職金は減少傾向

続いて収入についてみていきます。自分がいつ会社を辞めるといくらの退職金がもらえるのかは、会社の人事に確認を。企業の退職金は減少傾向にあり制度の見直しも進んでいるので、「先輩からうっすら聞いていた話と違う！」「こんなはずじゃなかった」ということがないように、ぬかりなくリサーチをしてください。

次に自分がいくらの公的年金をもらえるのかを確認します。会社員だった人が受給できる年金は、「老齢厚生年金」と「老齢基礎年金」（国民年金にあたる部分）の２階建てになっています。「老齢厚生年金」の額は、これまで納めてきた保険料と納付期間によって決まるため、人それぞれです。例えば、保険料は給与に一定の料率をかけて決まるので、給与が高かった人ほど高額の保険料を納めていて受け取れる年金額も多くなります。

また受給開始時期については、２０００年の法改正で、60歳から65歳に引き上げられています。ただし経過措置があり、１９６６年4月1日以前生まれの女性の場合は、「老齢厚生年金」部分を少し早く受け取れることになっています。なかなか複雑ですが、自分がいつからいくらの年金を受け取れるかは、日本年金機構の「ねんきんネット」を見ればすぐにわかります。登録の手間はかかりますが、誕生月に送られてくる「ねんきん定期便」を待つこともなく、いつでもチェックできるのでお勧めです。

共働き夫婦の年金は月27万円、75歳受給開始なら1・84倍に

受け取れる年金は人それぞれといいつつ、平均値を紹介しましょう。65歳以上の厚生年金受給権利者の平均受給月額は、女性10万9165円、男性16万7388円(厚生労働省「厚生年金保険・国民年金事業年報」2023年)です。残念ながら男女で大きな差がありますが、これは男女の賃金格差と就労期間の違いによるものです。こんなところにも大きな男女差があるのかとちょっとショックですが、目をつぶって話を前に進めます。このデータから夫婦ともに厚生年金に加入していた場合の1世帯当たりの受給額は、男女の合計額である月27万6553円という計算になります。

また前述の通り年金は原則として65歳から受給できますが、60~75歳の間で受給開始時期を選ぶことができ、開始時期を遅らせれば遅らせるほど、もらえる金額が増えていきます。「ねんきんネット」では、いつからもらえば受給額がいくらになるのかもシミュレーションできます。

例えば75歳まで受給開始を遅らせれば、65歳時の1・84倍の年金を受け取れます。

65歳で受給開始した場合10万9165円だった人が、10年待てば20万8863円になり、この金額が亡くなるまで続きます。「ねんきんネット」では、100歳までの総受給額の比較もでき、その違いにちょっと驚くはず。もちろん早く死んでしまったらもらい損ねることになりますが、あくまで年金は「保険」。早く亡くなるリスクに備えるか、長く生きるリスクに備えるかは考え方次第です。

その他に個人年金や投資による収益などがあれば足していきます。こうすることで、すでに確保できている収入がいくらなのかがわかります。

65歳以降の収入は月5〜10万円でOK

さて、皆さんの場合、支出と収入の差はどれぐらいになりそうでしょうか。平均値の場合、65歳以上の無職夫婦2人世帯の支出は月28万2497円、受け取れる公的年金の額（夫婦とも厚生年金受給権者）は27万6553円なので、その差（赤字額）はわずか5944円です。つまり年金が受給できる65歳からは、夫婦2人で月々1万円の収入があれば、家計は赤字にならないのです。

とはいえ「老後資金」の準備は必要です。90歳まで働き、その先100歳までを「老後」とするならば、生活費1200万円（赤字分1万円×12か月×10年）と介護費用

1160万円（580万円×2人分）で1280万円を準備しておく必要があります。65歳から90歳までの25年で割れば、月々に必要な貯金額は4万2600円ほど。先ほどの5944円と足せば、夫婦2人で5万円ほどの月収が得られれば十分に賄えます。

問題は年金が受給できる65歳になるまで。継続雇用を選ぶのも1つの手ですが、夫婦2人で28万円（1人14万円）の月収が得られれば生活できると考えれば、会社にしがみつかないという選択肢もありそうです。そのあたりはのちほど触れていきます。

それから繰り返しになりますが、この試算はあくまで平均値。例えば前述の平均支出のうち、住居費は月1万6827円となっています。これは持ち家比率の高さ（65歳以上で84・5％／高齢社会白書2024年）を反映したもの。賃貸派の人は当然ながら家賃を見込んでおく必要があります。また定年退職したら、旅行にも行きたい、習い事もしたいという人も多いはず。そんな「ゆとりある生活」を目指すのであれば、月38万7000円が必要というデータもあります（生命保険文化センター 60歳代が考える「ゆとりある老後生活費」2022年）。先ほどの平均支出＋10万円ですから、夫婦2人で＋10万円の収入（合計15万円、ひとり7万5000円）が必要ということになります。

このように個人差はありますが、平均すると65歳以降の収入の目標は、月5〜10万円と試算できます。

単身者も月9万円の収入で大丈夫

単身者の場合も試算してみましょう。65歳以上の単身無職世帯の支出の平均は月15万7673円。女性が受け取れる年金（厚生年金受給権者）の平均額は10万9165円なので、その差は4万8508円。90歳まで働くとしてその先10年間の必要老後資金は、生活費5822万960円（赤字分4万8508円×12か月×10年）＋介護費580万円で1162万960円となります。65歳から90歳の25年で割れば月々の貯金額は3万8736円。先ほどの赤字分と足せば、月々稼ぐべき金額は8万7244円となります。

ただし「ゆとりある生活費」として＋5万円するならば、約14万円と少し大きな金額を稼ぎ続ける必要がでてきます。ただこれはあくまで女性の年金受給額の平均をベースにした机上の試算。男性同様の年金額を受給できる人であれば全く試算が異なってきます。また先ほど年金の受給開始時期を10年遅らせた試算を示しましたが、5年遅らせて70歳からの受給にした場合でも42％増額となり、受給額は15万5014円に。ほぼ月々の赤字は解消され、老後資金とゆとりある生活のために月9万円ほどの収入を得られればOKという試算になります。

年金財政は改善している

これらの試算は今後も年金がちゃんともらえることを前提にしています。少子高齢化に歯止めがかからず、経済成長も不透明ななか、今後本当に私たちは年金をもらえるの？　支給開始年齢もどんどん上がってしまうのでは？　という不安の声も聞こえてきます。

でもその点は心配しすぎなくて大丈夫でしょう。厚生労働省は5年に一度、公的年金の健全性を点検する財政検証を行っています。２０２４年がその年にあたりますが、7月に発表された結果を見ると、30年後の年金水準はいまより2割ダウン（経済成長が過去30年を投影したケース）とのこと。その程度の目減りは覚悟しておく必要はありそうですが、それでも実は女性と高齢者の働き手が増えていることを受けて5年前よりも年金財政は改善しているのです。また支給開始年齢が60歳から65歳に引き上げになるまでには法改正から30年かかっています。よって、すぐさま支給開始年齢のさらなる引き上げはないと考えていいでしょう。

一方でこの試算では退職金やすでにある貯金の投資運用、個人年金、介護が必要になる前に持ち家を売却したり、持ち家を担保に融資を受けるリバースモーゲージの活用などは考慮していません。これらの資産活用を行えば、年金の目減りや、病気による離職などの様々なリスクに備えるだけでなく、生涯収支はもっと楽な試算になる可能性が十分あります。私も60歳を迎える前にファイナンシャルプランナーに生涯収支を試算してもらって、「なんとかなるんだ」と安心しました。詳しくは第二章でふれますが、人生１００年時代を賢く生きるためには「金融リテラシー」を身に付けることはとても大事。苦手な人は信頼できるプロを見つけてアドバイスをもらうことをお勧めします。

好きな仕事を長く続ける

少し話がそれましたが、ここでお伝えしたいのは、平均すれば年金受給開始以降（一般的には65歳以降）は、月々5～10万円程度の収入を得ていけば十分ということです。そう考えれば、お金の心配をしすぎずに、自分がやりたいこと、好きなことを仕事に選べそうな気がしませんか？　小さくても自分の好きな仕事をできるだけ長く続けていく。それがこれからの私たちの働き方の理想なのです。

例えば、59歳で衛星放送局を早期退職した北浦宏之さん（case1）の場合、人事に退職時期に応じた退職金の金額を聞き、社内でも噂だった「59歳で退職する」という選択肢が一番お得であることを確認。一方で自分がもらえる年金額を計算。携帯電話の契約やクレジットカードの会費なども細かく見直して退職後の収支を試算してみたところ、「住宅ローンももうないし、子どもも独立。自分にはゴルフなどお金のかかる趣味もない。妻も仕事をしている。自分の生活だけなら退職金と65歳からの年金プラスアルファで十分やっていける」と気づいて、時間の自由のない再雇用は選ばずに、早期退職を決意。スマートフォン1台で映画を撮り始めました。監督デビュー作は自身の早期退職までの1年間を追いかけたドキュメンタリー「365DAYs＋」で、定年退職を控えた同世代の会社員の皆さんから高い共感の声があがっています。収益的にはまだ赤字ですが、実に楽しそう。北浦さんの「世の中には老後の金銭的な不安をあおるような情報が多すぎる。冷静に計算してみれば、定年後こそ自由な人生を選べる」という言葉が印象に残っています。

これからの働き方2　自分で自分を雇う

「雇われる働き方」から「雇われない働き方」へ

60歳からのほうが楽しく働ける2つめの理由は、「雇われる働き方」を卒業するからです。世の中には「雇われる働き方」と「雇われない働き方」の2つしかありません。会社員はもちろん「雇われる働き方」。そして雇われている限り、指示は雇用主から出され、その最たるものが「定年」です。自分の意思とはかかわりなく、終わりが決められているのです。

したがってできるだけ長く働いていくために、どこかのタイミングで「雇われる働き方」を卒業して、「雇われない働き方」にシフトする必要があります。「雇われない働き方」とは、自営業やフリーランス、小さな会社の経営者などのイメージです。自分が雇い主ですから、いつまで働くかは自分で決められます。働き方も自由です。会社のさまざまなしがらみから逃れ、自分の裁量で、自分らしいペースで働くことができるわけです。

データをみても60歳以降は「雇われない働き方」をしている人の比率が増えていきます。50代後半の働く女性のうち、正社員やアルバイトなどの「雇われる働き方」（会社経営者、役員を除く）の比率は89・2％（総務省統計局「就業構造基本調査」２０２２年）ですが、60代後半で78％、70代後半で54・1％、85歳以上になると24・6％まで減ります。一方で自営業者は50代後半の4・5％から60代後半で7・6％、70代後半で18・6％と増え、85歳以上で働いている人の32・3％は自営業者です。自営業者を手伝う家族従業員（23％）も加えると、55・3％が「雇われない働き方」をしているのです。年齢とともに働いている人の数は減っていくので、絶対数は多くはないですが、長く働くには自営業が有望であることがわかると思います。

自分の人生を生きている実感

私はこれまで50代で会社員を卒業して起業した人に注目をしてそのプロセスを研究し続けてきました。起業というと少しハードルの高さを感じますが、ここでいう起業とは「自分で事業を始めること」。主に自営業者やフリーランス、小さな会社の経営者が研究対象です。

50代会社員が起業という選択をするきっかけは、大きく2つあります。1つは50歳という年齢。定年まであと10年という節目にたって「このままでいいのか」と考え始める、あるいは人生100年時代を自分事としてとらえ折り返し地点にいることを実感するというケースです。定年後も続く長い人生を考えれば、気力も体力もあるうちに「定年のない働き方」にシフトしたほうがいいと考え起業を選ぶのです。

もう1つは会社への不信感や違和感。不本意な異動や昇進の壁、役職定年などをきっかけに、会社の都合に振り回される人生に疑問を抱き、会社のためではなく自分のための人生を生きたいという思いが起業につながっていくケースです。

ライフシフトとは、自分がこれからの人生で大切にしたい価値軸にそって人生をシフトすること。その結果、自分が主人公の人生を歩むことです。50代会社員の起業は、会社中心の人生から自分が主人公の人生へのシフトであり、まさにライフシフトそのもの。実際に起業を実現するまでのプロセスには紆余曲折あるものの（詳しくは第三章でお伝えします）、強く印象に残るのは皆さんが語ってくれる「雇われない働き方」の魅力です。

「会社員時代には感じることが難しかった働く喜びを実感しています」「すべてを自分で決めて働けることで自分の人生を生きているという実感があります」、そして「70代、80代、90代とこれからも働き続ける自信が持てました」。こんな言葉を聞いていると、「雇われない働き方」は単に長く働く手段ではなく、自分らしく生きるための手段でもあり、人生100年時代に、挑戦すべき働き方なのだということを確信するのです。

60歳女性を取り巻く「雇われる働き方」の厳しい現実

もちろん、会社員であっても働く喜びは感じられますし、政府の要請や昨今の労働力不足を背景に、定年を廃止する企業も出てきてはいます。ただ聞こえてくるのは、60歳前後の女性を取り巻く雇用環境の厳しい実態です。ここで少し「雇われる働き方」のいまを俯瞰《ふかん》しておきましょう。

企業の定年は、年金支給年齢の引き上げと足並みをそろえる形で政策的に延長されてきました。厚生年金制度が発足した1944年の年金支給開始年齢は55歳。これは当時、多くの企業が男性の定年を55歳としていたからです。その後、1954年の改正で男性の年金支給開始年齢が60歳に、1985年の改正で女性も60歳に引き上げになります。男女ともに65歳での支給開始が決定したのが2000年のことです。一方で企業の定年は高年齢者雇用安定法によって1998年に男女問わず60歳以上に義務化されます。その後、2013年に65歳までの雇用確保措置が義務化、2021年に70歳までの就業機会確保措置が努力義務化されています。

具体的には、いま企業には65歳までの雇用確保のために、①定年制の廃止、②定年の引き上げ、③継続雇用制度の導入のいずれかの措置を講じることが義務付けられています。加えて70歳までの就業機会の確保のために、上記の3施策に加えて、④業務委託契約を締結する制度の導入、⑤社会貢献事業に従事できる制度の導入を講じる努力が求められています。2021年の法改正は、人件費や組織活性の観点から企業にこれ以上の雇用措置を求めることは難しいため、「雇われない働き方」を支援する要素が加わり、時代の変化を感じさせるものでした。

では実際に企業はどんな対策を講じているのかというと、定年制を廃止した企業はわずか3・9％。定年が70歳以上という企業は2・3％、65歳が23・5％。66・4％の企業が定年は60歳のままで、継続雇用によって65歳までの雇用義務を果たしているのが現状です（厚生労働省「高年齢者雇用状況等報告」2023年）。また努力義務である70歳までの就業機会の確保を実施している企業は29・7％にとどまっています。

継続雇用で給料は50〜75％に

皆さんの会社はいかがでしょうか。データが示す通り、60歳で定年を迎え、そのあとは継続雇用で65歳まで働けるという人が多いと思います。その場合、いったん退職金をもらって新たに「嘱託」（法的には定義はなく「契約社員」と同じ）として65歳までの雇用契約を結ぶのが一般的です。問題はその雇用契約の中身です。

リクルートジョブズリサーチセンターの調査では、定年後の継続雇用で仕事内容が全く変わらなかった人は54・4％。あまり変化がなかった人が28・9％。勤務時間は変化なしもしくは増えた人が44・9％です。一方で給与が変わらなかった人は18・8％のみ。81・2％の人の給与が下がっていて、もっとも多い回答は定年前の50～75％未満（40・3％）になったという結果でした（「シニア層の就業実態・意識調査 2023 個人編 60～74歳」 数字は女性の回答）。

皆さんの中には50代半ばで役職定年を経験した人、これから経験する人もいるかと思います。年齢で一律的に役職からはずされる役職定年という制度も理不尽ですよね。役職定年によって約6割の人の働くモチベーションがダウンしているという調査結果もあります（独立行政法人高齢・障害・求職者雇用支援機構）。給与も管理職手当がなくなるなどして役職定年前の50～75％にダウンする人が多くなっていますが、ただこれは役割が変わった結果なのでまだ理解できるように思います。けれども定年後の継続雇用で、仕事内容や勤務時間が変わらないのに、給与が大幅に下がるというのは納得がいかないという人は多いはずです。

にもかかわらず、60歳で定年を迎えた人のうち87・4％が継続雇用を選んでいます

（厚生労働省「高年齢者雇用状況等報告」２０２３年）。その理由は、「職場や勤務地などを変えたくなかった」（52・８％）、「今まで培ったスキルやノウハウをそのまま生かせるから」（51・１％）、「会社から継続を頼まれた」（33・９％）、「転職していちから新しい人間関係を構築したくない」（24・４％）、「転職活動が面倒」（21・７％）、「転職して新しい仕事を覚える自信がない、覚えるのがいや」（19・４％）、「転職しても待遇が下がるのは一緒だから」（16・７％）、「転職しても自分の希望に合う仕事がなさそう」（16・１％）と続きます（前述「シニア層の就業実態・意識調査２０２３　個人編60〜74歳」数字は女性の回答）。

こうしてみてみると、転職市場は厳しそうだし、新しいことを学んだり、人間関係を築いたりするのも面倒、だったらいまの職場で65歳まで我慢して働くのが得策、いわば継続雇用の５年間は「年金が支給されるまでの待ち時間」という意識が強いように感じます。

転職しても給与はダウン

確かに50〜60代の転職市場は男女問わず厳しいものがあります。厚生労働省の「転職者実態調査」（２０２０年）で転職後の給与の変化をみてみると、40代後半まではアップした人のほうが多いのですが、50代前半以降はダウンした人のほうが多くなっています。アップした人からダウンした人を引いた比率は、40代後半は7・2％ですが、50代前半でマイナス26・2％、50代後半でマイナス17・8％、60代前半でマイナス46・6％、65歳以降でマイナス50・3％となっています。また転職後の雇用形態をみると50代前半までは70％以上が正社員ですが、50代後半になると正社員比率が57・7％に下がり、契約社員などが増えていきます。60代前半の正社員比率は37・8％、65歳以上は16・7％です。

体験者からも「年齢の数だけ履歴書を出せと言われて頑張ったけれど面接までたどり着けたのは数社のみ」「希望に合う仕事が見つからなかったので転職をあきらめた」という声が聞こえてきます。

データからも体験者の声からも厳しい現実が見えてきますが、全く可能性がないわけでもありません。1つ言えることは動くなら早く、ということです。先ほど、60歳の定年後に継続雇用を選ぶ人が87・4％という数字を紹介しましたが、これは動く人はもっと早く動いていて、動かず会社に残った人を対象とした調査なので高い数字が出ているともいえます。50代転職者の60代になってからの仕事満足度を調べた調査では、50代前半に転職した人は52・6％が満足と回答しているのに対し、50代後半は40・3％に落ちています（「全国就業実態パネル調査2019」リクルートワークス研究所）。

転職するなら40代後半〜50代前半に、ということになるでしょう。

「雇われない働き方」につながる転職を

これから転職を考える際に、大事なことはその目的です。40代後半〜50代に転職したとしても、わずか3・9％しか存在しない「定年のない会社」に居場所を確保することは至難の業。役職定年がない会社、定年が65歳の会社への転職はあり得ますが、結局は65歳で会社員を卒業することになります。65歳からは年金が受給できるものの、「雇われない働き方」で月5〜10万円程度の収入を得ていく必要があります。そう考えれば、40代後半から50代の転職は「雇われない働き方」への準備を目的とするのが賢明ではないでしょうか。

50代は一番支出の多い時期ですから金銭的な要素も重要ですが、早期退職金をもらって金銭的なリスクは担保し、収入が落ちても「雇われない働き方」にシフトするために必要なスキルや経験が身につく仕事、ネットワークが広がる仕事へ転職するというのは賢い投資です。

例えば三浦陽一さん（case2）は、起業準備のために総合商社を50歳で退職し、靴メーカーに転職しました。きっかけは、45歳で次女が生まれたこと。「このままだとこの子が社会人になる前に定年を迎えてしまう。定年のない働き方にシフトしなければ」と考えたのです。何で起業しようかと考えたとき、思い浮かんだのが貿易の仕事です。特にヨーロッパ駐在が長く、当時駐在していたイタリアには生きた人的ネットワークがありました。そこで仕事で使えるレベルのイタリア語の勉強を始めたものの、5年の駐在期間を経て帰国して任されたのは、米国との貿易でした。何度かヨーロッパ貿易に戻してもらえるよう直訴しましたが、3年たっても希望は通らず、徐々にイタリアと疎遠になって自分の強みが失われてしまうことが不安に。そんなとき、仕事仲間からイタリアと深いかかわりのある靴メーカーが人材を探していると声をかけられます。定年まで総合商社にいたほうが年収や退職金がいいことはわかっていましたが、その会社から打診された仕事は起業準備としてはもってこいだったことから転職を決意。1年半その会社で経験を積み、52歳のときに主にイタリア靴を扱う輸入エージェントとして起業を果たしたのです。とても参考になるケースだと思います。

65歳までを「待ち時間」にしない

定年後も継続雇用を選んで65歳まで安定収入を得るというのも1つの選択ですが、その場合でも65歳までを「年金をもらうまでの待ち時間」ではなく、「雇われない働き方へとシフトする準備期間」ととらえると、仕事との向き合い方が変わってきます。

会社という場所は実はいろいろな専門家がいて多くのことが学べる場所。他部署や組織横断型のプロジェクトに顔を出して、独立後に必要となることを学んだり、将来何か知りたいことがあったときに気軽に相談できるネットワークを広げておくことはとても有益です。気になることを学び始めたり、新しいコミュニティに参加するなど、社外との接点を増やすこともチャンスにつながります。副業が認められているのなら、小さく始めてみるのもよいでしょう。

先ほど継続雇用を選んだ人の理由を紹介しましたが、変化や新しい学びを面倒がってしまっては、60歳からの人生を楽しむことはできません。また「会社から継続を頼まれた」という理由も気になります。会社は半分の給与でこれまで通り働いてくれるならありがたいはず。会社にとって「都合のいい人」になってはいけません。

銀行を定年退職後、キャリアコンサルタントに転身した山際祐治さん（case3）は、「これまで会社から与えられた仕事にまじめに取り組んできた人ほど、早めにセカンドキャリアについて考えたほうがいいでしょう。そういう人ほど会社に便利に使われて、年齢とともにどんどんやりたくない大変な仕事が増えていき、疲弊してしまうからです。自分の人生の主役は会社ではなく、自分なのだと切り替えてください」と話しています（山際さんご自身のライフシフトは第三章で詳しくご紹介します）。

退職のタイミングは、金銭面も含めて賢く選択すべきですが、とにかく65歳までの時間を「消化試合」にしないこと、50代から「雇われない働き方」へシフトする準備を始めることをお勧めします。

これからの働き方3　時間を味方につける

特別なスキルがなくてもライフシフトできる

「雇われない働き方」へシフトする必要性や魅力はわかったけれど、自分には特別なスキルも経験もないから難しそう……。ここまで読んでそう思っている人もいるかと思います。でもそんなことはありません。私たちには「時間」という強い味方がついています。いまこれといった特技を持っていないと思うのであれば、これから学べばいいのです。これから私たちを待っている30年間という時間は、新たに何かを学び、それを活《い》かした仕事をしていく時間として十分なものです。これから好きなことを存分に学べる。学ぶことで私たちは何者にでもなれる。そう考えるとなんだか学生時代に戻ったようなワクワクした気持ちになりませんか？　しかも学生時代よりも人生経験を積み、社会を知り、自分のこともわかっています。より自分らしい道を選べるはずです。これが、これから30年のほうがより楽しく、自分らしく働ける理由の３つめです。

実際に、50代以降で新しいことを学んで、会社員から全く未経験の分野で起業した人（自分で事業を始めた人）はたくさんいます。日本政策金融公庫総合研究所の「シニア起業家の開業」（２０１２年）を見ても、22・6％の人が経験のない領域で起業を実現しています。５人にひとりですから、結構な割合です。

例えば大手ＩＴ機器メーカーで営業部長を務めていた藤田巖さん（case4）は、45歳のときに受けた「セカンドキャリア研修」をきっかけに、定年後に情熱を傾けられる「何か」を探しはじめました。そして50歳のとき、新聞記事で「福祉美容」に出合います。医者でも治せず寝たきりだった高齢者が、ヘアメイクで笑顔になり、また歩けるようになったという記事に感動したのです。これだ！　と心が動き、働きながら６年かけて通信教育で美容師免許を取得。58歳で定年退職後、２年間のインターンを経て60歳で福祉美容院を開業したのです。インタビュー時は77歳、まだまだ現役で美容師を続けていらっしゃいました。学びに10年かかりましたが、その後17年活躍していますから、十分に投資回収できています。「これからもできるだけ長く高齢者の笑顔のために頑張りたい」と語る藤田さんは、まさに人生100年時代のロールモデルだと思います。

起業に必要なことは2~3年で学べる

さて、学ぶ時間はたっぷりあると書きましたが、先輩たちは何を、どれぐらいの時間をかけて学んで、「雇われない働き方」へとシフトしていったのでしょうか。

まず会社員が全く経験のない領域で事業を起こそうとした場合、学ぶことは2つあります。1つはその仕事に必要な技術や資格。もう1つは経営です。会社員の場合、一般的には事業計画を立てたり、資金繰りや税務申告をしたりした経験がないので、こういった基本的な経営スキルを学ぶ必要があります。

必要な技術や資格などを学ぶためにかかる時間は、起業する分野と学び方によって違いがでます。藤田さんは国家資格が必要な美容師での起業で、通信教育という学び方を選んだので10年かかりましたが、多くの場合、2~3年、中には1年程度の学びで起業に踏み切ってしまう人もいます。そんな短い「修業」で起業できるの？　と不思議に思うかもしれませんが、仕事で必要なスキルが磨かれるのは、実務の現場。そのため、まずは必要最低限の技術をスクールなどで学び、経験を積むために小さく仕事を始めてしまうケースが多いのです。「雇われる働き方」だったら実務経験なしだとなかなか採用になりませんが、そこは自分が雇用主だから「即採用！」となるわけです。これ、ちょっと目から鱗《うろこ》じゃないですか？　もちろん、一人前になるまでには実際に仕事を始めてから数年はかかりますが、その時間こそたっぷりあります。

経営については、多くの人が自治体や商工会議所などが主催する「創業支援セミナー」などを利用しています。学びの期間は数回から数か月といった程度。それほど難しいものではなく、本を読んで勉強したという人もいます。

つまり小さく事業を始めるために必要なスキルと経営を学ぶ時間は、数年あれば十分なのです。時間がかかるのは実はその前段階、何で起業するのか、つまり自分は何をやりたいのかを考えるプロセスです。

時間がかかるのは「やりたいこと」を見つけるプロセス

例えば56歳で大手ＩＴ機器メーカーを役職定年して、「カフェを併設したシニア向けパソコン教室」を開業した伊勢谷圭了子さん（case5）は、53歳ごろから仕事の壁を感じて、セカンドキャリアを考えるようになりました。けれども自分が何をやりたいのかがわからず、もんもんとした苦しい日々を過ごします。やがて会社の中でストレスを感じている人を多く見てきたことから、「人が安心して集まる場所、人が幸せになれる場所をつくりたい」と思うように。具体的にカフェでの起業を考えるようになったのが役職定年1年前のことでした。そこから経済産業省が後援する起業支援プロジェクト「ドリームゲート」で「カフェ開業コース」を見つけて学び、カフェと、自身の知識を活かせるパソコン教室を併せた場所を作ることを決めます。そして、役職定年を迎え退職。その半年後に開業にたどり着いたのです。

伊勢谷さんの場合は起業テーマを見つけるまでに3年という時間がかかりました。中には10年かかったという人もいます。なぜそんなに時間がかかるのかというと、起業テーマを見つけることは、これからの自分にとっての働く意味や、生きがい、幸せを考えることでもあるからです。これは時間をかけてじっくり悩むに値するもの。ここで「ありたい自分」を見つけることが、この先の長い人生を楽しいものにしていくのです。

考えてみれば、会社員としてのキャリアは自分の意思だけで積み上げてきたものではありません。良い上司に出会えれば適性や能力をみてキャリア支援を受けられることもあるし、自分の希望が通ってやりたい仕事ができることもあります。けれども会社の都合に振り回されるケースもしばしば。これまで経験してきた仕事が本当に自分にあった仕事だったのか、やりたかったことなのかはよくわからないという人も多いのです。全く未経験の分野で起業した人の中には、これまで仕事で培った経験を活かすことも考えたけれど、それだと逆に選択肢が狭くなり、ワクワクしない、結局全く異なる分野を選んだという人もたくさんいます。

またこれからの人生をどう創っていきたいかを考えるのであれば、仕事は重要な要素ではあるものの、気になることはそれだけではありません。これまで仕事に多くのエネルギーを注ぎ込んできたけれど、これからは家族や地域とのつながり、日々の暮らしを大事にしていきたいと考えている人もいるでしょう。夫と卒婚してもっと自由に生きたいという人もいます。親の介護が気になっている人もいるでしょう。会社員を卒業するのですから、会社の近くに住む必要はありません。実家の近くに戻る人もいます。リモートワークの普及で複数の拠点で暮らし始める人もいます。

50代は第二の思春期

これからの私たちの人生は思っている以上にたくさんの選択肢があります。せっかく会社という枠組みを離れ、フリーハンドで未来図を描けるのですから、大いに悩んでみていいのではないかと思うのです。

実際に、50代で会社員から「雇われない働き方」へとライフシフトした人は、皆さん、実にジタバタしていました。私も含めて多くの女性たちが「自分探しの旅」を10代後半~30歳ぐらいにかけてやってきてはいますが、そのモヤモヤが再びやってくるのです。頭の中だけで考えていてもわからず、人に会って話を聞いたり、聞いてもらったり、こうして本を読んだり、ワークショップに出てみたり。何かを学び始めてやっぱり違ったと振り出しに戻ることもあります。

心理学者のダニエル・レビンソンは、40代~50代を「ミッドライフ・クライシス」(中年の危機)と言っています。アイデンティティが揺らぐ時期という意味です。組織コンサルタントであるウィリアム・ブリッジズは、人生の転機は、「何かが終わり、ニュートラルゾーンを通って、新しく始まる」と説いており、ニュートラルゾーンは不確実性や混乱が生じる苦しい時期といっています。会社員が終わり、雇われない働き方へと移行(トランジション)するときも、「自分探し」というニュートラルゾーンを通るのです。それはしばしば苦しい時間でもあります。

ですから悩んで当たり前、むしろ50代の10年間は60歳以降の「ありたい自分」を見つける「第二の思春期」ぐらいにかまえて、じっくり取り組んでみましょう。何かが早く見つかって準備ができたら、60歳まで待つ必要はありません。というより、何かが見つかると、やりたくなってしまうのです。会社を辞めないまでも副業でその何かを始めてみるのもよいアイデアです。なかなか見つからなくても焦らずに。第三章で紹介する８つのアプローチ方法や先輩事例などを参考に動いているうちに、必ず見つかります。なぜならば答えはすでに自分の中にあるからです。いまはまだ見えていなくても、私たちはこれまでの人生の中でたくさんの経験をしてきています。そこが「第一の思春期」とは違う、私たちの強みです。

「本当にやりたいこと」より「いまやりたいこと」

60歳を迎える前にすべきこと。それは「自分探しの旅」に出ることです。日々の忙しさを言い訳にせずに、自分と向き合う時間をしっかりとることです。気が重いかもしれませんが、ここで気持ちが楽になるアドバイスがあります。それはやりたいことを１つに絞る必要はないということです。「本当にやりたいこと」を探さなきゃと思うと、かなりのプレッシャーになります。１つに絞るということは、他の選択肢を捨てるということ。だから怖くて決められないのです。失敗したくない、後悔したくないという気持ちになってしまいます。

そうではなくて、いまはこれに関心がある、まずはこれから始めてみよう。それぐらいの気持ちで動き出してよいと思います。いくつかやりたいことがあるのなら、絞らずに全部やってみればいいのです。変化の激しい時代に、1つの仕事、1つの収入源に絞ってしまうことはリスクも高い。いろいろやっていれば、どれか1つは育ってくれるものです。30年という時間があるのですから、順を追ってトライしていってもよいわけです。

例えば60代はパワフルに3つのことに挑戦して、70代で2つに絞り、80代はもっともやり続けたいこと1つに絞っていくという考え方もあります。1つは経験を活かして収入も期待できること、もう1つは全くの未経験なので収入はまだ期待できないけれどこれから育てていきたい仕事、もう1つはその中間といった具合です。これから30年は月々10万を稼ぐ必要があるとすれば、60代は15万円、70代は10万円、80代は5万円という稼ぎ方も現実的のように思います。

変わり続ける、学び続ける

もう1つ、人生100年時代を自分らしく生きていくために大切なキーワードを紹介します。それは「変わり続ける、学び続ける」です。

人生100年時代は変化の時代。私たちを取り巻く環境も、求められるスキルや経験も変わっていくし、私たち自身の価値観も変化していきます。そんな中で自分らしい人生をつくっていくためには、柔軟に変わり続けること、そして学び続けることが大切なのです。

60歳前後で、私たちは「会社員を卒業する」という大きなライフシフトをします。これから見つけようとしている「ありたい自分」は、この先40年間で大きくは変わらないかもしれません。けれどもさまざまな変化に直面し、きっと何度か小さなライフシフトを経験するはずです。これからも私たちは変化し続けるのです。だからいまこの先40年の未来をビシッと決める必要はありません。そして私たちには、「変わるチカラ」が身についています。書籍『ＬＩＦＥ ＳＨＩＦＴ』の中でも、「変身資産」という言葉で紹介されている、変化の時代に自分らしい人生を創っていく上でとても大切な力です。詳しくは第五章「ライフシフトの法則」で取り上げていきますが、私たち女性は、これまでもライフステージの変化に対応してきているので、たくさんの「変身資産」を持っています。だから自信をもって、人生に変化を起こしていってほしいと思います。

不安の正体はこれからの自分が見えないこと

さあ、以上で旅の準備は終了です。おさらいをしてから、「自分探しの旅」へと出かけましょう。まず私たちはすでに人生１００年時代を生きています。60歳からの人生は40年あります。そして95歳までは自立して生きていけます。お金の不安を解消する唯一の方法はできるだけ長く働くこと。目標は90歳まで楽しく自分らしく働き続けることです。そのための作戦は、時間を味方につけて、自分が雇い主になって、小さくても何か自分の好きな仕事を立ち上げること。「何か」を見つけるには時間がかかるけれど、50代は第二の思春期なのだから悩んで当たり前。ジタバタと動いているうちに、必ず「何か」、すなわちこれからの「ありたい自分」が見えてきます。

この章の冒頭に、「人生１００年時代マインド調査」の結果をご紹介しました。「人生１００年時代」と聞いて、61・2％の人がどんよりしているという結果でしたが、ワクワクしている人もいます。その違いはどこにあるかというと、実は計画的な貯蓄や投資、健康対策をしているかどうかではありません。自分のこれからの生き方について探究している人、何かを学んでいる人がワクワクしていたのです。「人生１００年時代」に備えて、お金や健康対策だけをしても、不安は消えません。これからの自分が見えないことが一番不安なのです。

私自身もそうでした。53歳で元気よく会社を飛び出したのですが、「60歳からの自分」が見つからず、何年もモヤモヤとしたものをかかえていました。第一章で紹介したことの多くは、私自身がジタバタしながら学んだことでもあるのです。第二章では、ケーススタディとして、そんな私の「自分探しの旅」の記録を紹介したいと思います。

第二章

私の60歳の迎え方

ジタバタした50代のその先に

最初のライフシフトは28歳

自分がこんなに働き者になるなんて

今どきの新入社員の女性たちのスーツは真っ黒。いつからこんなに保守的になってしまったのかしらと思いますが、皆さんはどんなファッションで入社式を迎えたか、覚えていますか？　私が社会人になったのは1986年4月1日。募集・採用、配置・昇進などの雇用における男女差別を禁止した「男女雇用機会均等法」が施行になったその日です。まさに均等法第一世代ということになるのですが、まだまだ働く女性を取り巻く環境は厳しく、また女性自身の価値観もいろいろでした。大学の隣の席で同じように授業を受けていても、就職は「結婚までの腰かけ」と公言する友人もいて、驚いたことを覚えています。そんな多様性（？）を反映してか、あるいは女子大生ブームとバブル期の浮かれた気分のためか、まだインターネットがなくマニュアル化がされていなかったせいか、女性たちの就活ファッションも、入社式の服装も、今よりずっと個性的だったように記憶しています。

私自身は、80年代に流行《はや》っていたインゲボルグの白のジャケットにネックレスをジャラジャラつけて、白地に黒い小さなドットのはいったロングスカートというふざけた出《い》で立《た》ちで入社式に参加しました。選んだ会社がリクルートという自由な会社だったから許されたのだと思いますが、いまでも覚えているということは、私なりにこだわりがあったのでしょう。いずれにしても、なんとか無事に東京で自立して暮らしていけるお給料がもらえる楽しげな会社に就職できて、地元・茨城に帰らずに済んだ！　さあこれから毎日を楽しむぞ！　そんな気分でした。とはいえ出世するぞとか、定年まで頑張るぞとか思っていたわけではなく、いつか普通に結婚して子どもをもって、でも仕事は続けていきたいなぐらいは思っていましたが、想像できた未来はそのあたりまで。とにかく目の前のことで精一杯で、まさか自分がこんなに働き者になって、60歳を過ぎても働き続けているなんて、自分でもびっくりしてしまいます。

振り返れば、いろいろな節目があり、その都度、あれこれ悩んで、人生を選んできました。特に50代は、かなりジタバタしましたが、でも、悩んだおかげで、ワクワクした気持ちで60歳を迎えることができたように思います。

第二章では、そんな私のライフシフトストーリーをご紹介します。ジタバタぶりが恥ずかしいですが、これからジタバタする（笑）皆さんにとって、何らかのヒントになることがあれば嬉《うれ》しいです。

均等法第一世代の就活事情

私が入社式のファッションをよく覚えているのは、ファッションが好きで、夢はファッション雑誌の編集者になることだったからだと思います。茨城県最北の大子町《だいご》という片田舎に生まれた私ですが、センスのよい母の影響で小さいころからおしゃれが好きで、ファッション雑誌がバイブルでした。特に高校が私服だったので地元で「おしゃれ高校生」として頑張っていて（笑）、「雑誌ってなんて夢があるんだろう、将来は雑誌の編集者になりたい！」と思っていました。大学では雑誌作りに役立ちそうと社会心理学を学ぶことにし、志高く上京。そのわりにはたいして勉強はせず、モラトリアムな4年間を過ごしてしまいましたが、夢は見失わずに就活に臨んだら、開けてびっくりの現実が待っていたのです。

そもそも就職活動をしたのは均等法が施行される1年前。男女差別の禁止も「努力義務」だったこともあり、性別のみならず大学名や、自宅通勤のみといった差別がまかり通っていました。インターネットはなく、各社の採用情報を集めたリクルートブックをみて、志望の会社にハガキを出すスタイル。男子学生の家には分厚いリクルートブックが入った段ボール箱が何箱も届くのに、私の家には「とらばーゆ特別別冊・

女子学生のための就職応援ブック」が1冊届いたのみでした。のちに自分がその雑誌の編集長になるとは思いもよりませんが、その薄い1冊にとても感謝したことを覚えています。

ファッション雑誌に限らず面白い雑誌を出している。差別がなくフェアな採用をしている。閉鎖的な地元には帰りたくなかったので東京でひとり暮らしができるお給料がもらえる。そうやって企業を見渡すと、条件に合うのは「an・an」「Olive」などおしゃれな雑誌を出していたマガジンハウスと、当時新しかった「情報誌」を出していたリクルートのみでした。迷うことなくこの2社を受けて、マガジンハウスは落ち、当時大卒男女600人を採用していたリクルートに内定。まだ知名度もなく、両親に事後報告をしたら「運送会社？」と言われたりしましたが、結果的に私の選択は大成功でした。それほどやる気があったわけでもない私に、働く楽しさを存分に教えてくれたからです。

このままでいいの？　28歳で立ち止まった

入社後は半年間の研修期間を経て、「週刊住宅情報」（現在のＳＵＵＭＯ）編集部に配属になり、私は晴れて編集者になりました。とはいえ憧《あこが》れていたファッション雑誌とは大違いで、最初の担当は「はじめて住まいを買うとき・売るときの基礎知識」という地味なノウハウ記事のページ。ローン、税金、法律、マンション選び、一戸建て選び、買い替えというテーマで毎週6本の記事を作らなければならず、とにかく難しくて大変でした。当時の編集長からもらった言葉は「知は力なり」。同期から「一番先に辞めそう」と言われていた私に、何か強みを持たせようという親心だったのだと思います。毎週6本、1年間で300本。これだけの記事を作れば当然ノウハウには誰よりも詳しくなり、読者からの支持も高く、どんどん自信がついていきました。

学ぶことの大切さと仕事の面白さを知り、夜中まで原稿に向き合い、土日も取材に奔走していた私に転機がやってきたのは、20代後半です。目の前の仕事に追われる毎日に「このままでいいのか」と迷うようになったのです。同期入社の女性たちもあまりのハードワークにぽろぽろと辞めていき、実家の母の「結婚」に対するプレッシャーは日増しに熱を帯びていきました。私も「早く結婚して子どもを産まなければ。その前に本当にやりたいことをしなければ」と焦って、夜中に「こんなことしている場合じゃない」とがばっと起きてしまうこともしばしば。

母に勧められるままに何度もお見合いもしました。いま振り返れば次々とお話を見つけてくる母のネットワークはすごかったなと思います。私としてもお見合い自体は楽しくて、お相手の方に取材さながらに「なぜその仕事を選んだのですか?」「どんな面白さがあるのですか？」など根掘り葉掘りインタビューして、あー面白かったと終わるのですが、それ以上の興味がわかず。残業の合間を縫って合コンに行ったり、恋愛もしましたが、だんだんと私は本当に結婚したいのだろうか、何のために結婚をしなければならないのかと思うように。また本当にやりたいことって何だろう、やっぱりファッション雑誌かもしれない……などと考えて転職活動もしてみました。

こうしてジタバタと動いているうちに、ようやく私は大切なことに気づいたのです。悩んで数年、28歳のときです。それは「人生にはやらなければいけないことなど、何一つない。あるのはやりたいことだけだ」ということ。そして「結婚してもしなくても、子どもを産んでも産まなくても、幸せかどうかを決めるのは自分なのだ」ということです。私は3人姉妹の真ん中で、それまで姉ほど厳しくもされず、妹ほど過保護にもされず、大学や就職などの進路は自分の意思で自由に選んできたつもりでしたが、もっとも根っこの部分は親の時代の価値観、女性の生き方に縛られていたのでした。

人生にマストはない

私の最初のライフシフトは、まさにこのときでした。私はようやく大きな時代の節目に自分が立っていることを自覚したのです。だからこそいま思い出しても胸が苦しく感じるほど悩みましたが、母の時代の価値観に反発するのではなく、それはそれとして受容して、でも自分は自分の価値観で人生を選択していい。自分の人生は自分のものだから。そう思えたこのとき、私の本当の人生が始まったのだと思います。

この時期に思い悩んだからこそ得られた気づきがもう1つあります。「なぜ仕事をするの？」という問いに対する私なりの答えです。転職活動をしながら「自分が人生で成し遂げたいことはなんだろう」「子育て後に復帰できるように目標を決めて必要な準備をしなければ」とあれこれ考えていたのですが、この先、私の人生に何が起こるかわからない。先々まで考えて、計画することは得意じゃない。であれば、仕事をする理由は、「楽しいから」でいいんじゃないか、少なくともいまやっている仕事は楽しいと思えるのだからそれを手放す必要はない。ただしそれは変わるかもしれない。だから、いつも自分が楽しいと思えることに正直に、まっすぐに向かっていける自分であろう、そう決めることができたのです。言葉というのは強いものです。「楽しいから働く」。このときからこの言葉は迷ったときにいつでも戻ってくる私の原点になりました。

こうして私はマストから解放されて自由になり、すっきりとした気持ちで目の前の仕事に集中できるようになりました。そのおかげなのか、同時期に「週刊住宅情報」の副編集長を内示されます。ありがたい話ではあるものの、当時の私は現場の編集者が好きだったので、上司に「これって断れないですか?」と聞いてしまいました。上司の答えは「昇進を断るのは会社を辞めるのと同じ。辞めるのはいつでもできるのだから、まずはやってみては?」。確かにと思って引き受けてみたら、やりたいことがやりやすくなったり、メンバーの成長が楽しかったりと、管理職の面白さを発見することができました。

また「結婚したら素敵な家具や食器を買おう」などと乙女なことも考えていましたが、結婚しなくてもできる！　と気づき、29歳で小さな中古マンションを買ってリノベーション。快適な暮らしを実現しました。これはオススメと思い仕事上でも「シングル女性のためのマンション購入講座」を立ち上げたら、メディアでも話題になって大ヒット。当時はまだ、独身女性がマンションを買うことは珍しかった時代。世の中に新しい選択肢を提案していく面白さを実感する出来事でした。

もう若くはない。40歳を迎える恐怖

それから5年後、33歳のときに、女性のための転職情報誌「とらばーゆ」の編集長を任されることになります。「週刊住宅情報」の編集部で、女性向けのいろいろな仕掛けをしていたことで「女性に強い編集者」と期待されての異動でした。「とらばー

ゆ」は当時のリクルートの看板雑誌。内示を受けたときは「自分にできるかな」と不安でしたし、住宅の分野も好きだったので未練もありました。けれども「とらばーゆ」編集部に毎週何百通と届く読者からのハガキを読んで、覚悟が決まりました。それまでリクルートという男女差別の全くない特別な会社で働いていたので気づいていなかったのですが、女性の働く環境は均等法が施行になった10年前と全く変わらず厳しいままで、こんなにも働く楽しさを実感できていない女性がいるのだということを知ったからです。

読者を勇気づけ、求人をする企業に働きかけて、働く楽しさを実感できる出合いを増やしていく。社会に変化を起こしていく。そこには大きなやりがいがあり、気づけば編集長を10年間も務めることになります。

その間に、小さなライフシフトも経験しました。いま思えば全然まだ若いのですが、当時40歳を前に「もう若くはない」ということに恐怖を感じたのです。30代はビジネスパーソンとしては若手で、多少の失敗も許されるけれど、40代はもうベテランだからそうはいかない。28歳のライフシフトで、「私の幸せと結婚・出産は無関係」と気づいたものの、結婚しないと決めたわけでもなかった。けれども40歳まで独身ということは、その前提でこの先の人生を考える必要がある。体力もお肌の調子もいままでとは違うし、体形も変化してきた。40代をどうしたら楽しく生きていけるのだろうとモヤモヤし始めたのです。

均等法第一世代は身近にロールモデルがいないことが悩みと言われますが、リクルートという会社は女性の先輩も多く、その点でも恵まれていました。私は何人かの先輩に「40代ってどうですか？」と聞いて回りました。中でも印象に残っているのが、「とらばーゆ」3代目編集長だった松永真理《まつながまり》さんの「あら、40代は楽しいわよ。30代までにやってきたことがベースとなって自分らしさが花開くとき。あなたはちゃんとやってきているから、何の心配もいらないわ」という言葉です。真理さんは私の10歳上で、「人生の師」としてことあるごとに言葉のギフトをいただくのですが、このときもとても勇気づけられました。

40代からは「健康」と「仲間」が大切

自分らしさが花開く40代。そんな40代にするために大切なことは何だろうと考えて、行きついたのは「健康」と「人生をともに楽しむ仲間」の2つでした。

それまでの私はあまりに忙しすぎて、全く運動をしていませんでした。そこで何か目標を決めれば頑張れると思い、友人から話を聞いて気になっていたホノルルマラソンに出ることを決めたのです。早速、ジムに行って「6か月後にフルマラソンを走るのでトレーニングメニューを作ってください」とお願いして練習を開始。最初は10分も走れなかったのですが、毎週5分ずつ時間を延ばしていきました。ひとりでハワイに行くのも寂しいので、社内に声をかけてツアーを組んで参加。無事にフルマラソン42・195㎞を走りきり、5時間45分でゴール。ゴールの瞬間は感動して涙が出ました。マラソンは何の道具も使わないシンプルなスポーツなので、「自分は自分の意思と身体だけで、行きたいところへ行くことができる。これまでも、これからも私は大丈夫」そんな自信が持てたのです。

その後も走ることは続けていて、年に1～2本はマラソンを走っています。おかげですっかり健康的になり、更年期もなく、体重も維持できていて、あのときマラソンを始めて本当に良かったなあと思っています。もう1つ決めた「人生をともに楽しむ仲間」を大切にしようということ。こちらは40歳を迎えたときに、自分の誕生会を開いて友人を招待したぐらいで、特別なことはできていませんが、人とのつながりに感謝し、自分ができることは惜しみなくすることを心がけるようになりました。

そのおかげなのかいろいろな縁がつながって、私の40代は、とても変化に富んだエキサイティングなものとなりました。「とらばーゆ」は44歳のときに雑誌からWEBメディアへとお引越しをして、やり切ったと思えたタイミングで、住友商事から声をかけてもらいました。ときどき情報交換をしていたヘッドハンティング会社のコンサルタントを通じてのお話で、消費者向けビジネスを展開する部門で、新規事業の開発を手掛けてみないかというオファーでした。また女性の活躍推進が大手企業においても経営上の重要課題となり始めた時期。住友商事には当時、女性の部長クラスがひとりもいなかったので、ロールモデルとしての役割も期待されていました。

44歳で転職。可能性が広がった

働く女性を応援するためには、求人情報の提供だけでは不十分。「とらばーゆ」の編集をしながらそんな思いを持っていたので、「なんでもあり」の商社で、働く女性に向けた新しいビジネスの立ち上げに挑戦できると考えるとワクワクしてきました。また声をかけてくれた上司となる役員もとても魅力的で、こういう人の下で働いてみたいと思ったことも重なって、私は転職することを決めました。楽しそうと思ったことにまっすぐに、です。

リクルートには22年間、在籍したことになります。ビジネスのあらゆることを学ばせてもらったリクルートに、そしてともに働いた仲間に心から感謝をしての卒業でした。リクルート卒業後は独立する人が多いのですが、当時の私は全くその道は考えていませんでした。組織の中で、仲間とともに、何かに挑戦することが楽しかったからです。もしあのとき独立したとしても、できることは雑誌の編集。それはワクワクしなかったのだろうと思います。そして実際に、全く異なる業界で、新たな経験を積めたことは、いまの私にとって大きな「資産」になっています。将来の「雇われない働き方」を意図した転職ではなかったのですが、できることよりもワクワクすることを選んだ結果、自分の可能性がかなり広がりました。

ちなみに、実は転職と同時に結婚もしたので、「河野純子、結婚退職！」というニュースがリクルート社内にまことしやかに流れました。これからもずっと独身かなと思っていたのですが、43歳のときに出会ったのちの夫は、当時実家を「男のひとり暮らし用」に建て替えようとしていて、私が「週刊住宅情報」時代の知識を活かしてアドバイスをしているうちにだんだんと私好みの家になり、であれば一緒に住みますかという流れで結婚することになったのです。たまたま転職の時期と重なったので「仕事も生活も同時に新しくなって大変でしたね」と言われることもありましたが、大人同士の結婚は相手にそれほど期待がなく、むしろこれまで恋愛にかけていたパワーを仕事に注力できるようになったので、仕事にはプラスだったように思います。

52歳から始まった私の「第二の思春期」

はじめて感じた「雇われる働き方」の限界

住友商事には、9年間在籍しました。3年ぐらいは頑張ろうと思って入社したので、思いのほか長くいたことになります。それだけ面白かったということです。もちろん、スピード重視のリクルートと、慎重で堅実な住友商事とでは仕事の進め方も大違いでしたし、メディアの編集長と、新規事業開発とでは必要なスキルも異なります。特に事業投資やファイナンスの知識は皆無で、最初の3か月の研修で叩《たた》き込まれましたが、やはり苦手。英語でも苦労しましたが、助かったのはメンバーがみんな優秀でサポーティブだったこと。またザ・男社会かと覚悟していたのですが、部長や本部長クラスは海外経験も豊富でダイバーシティの意識が高かったことも幸いでした。おかげで私は自分が得意とする、消費者のいまだ顕在化していないニーズ、不安や不満をキャッチし、それを解決するスキームを作ることに注力することができました。リクルート時代は当たり前にやっていたことが、場所を変えたことで「自分の強み」なのだと自覚できたように思います。

入社してからいくつかのプロジェクトを手掛け、その後情熱を注いだのが、ゼロから立ち上げた「グローバル教育事業」です。学童保育不足に悩む子育て世代向けに、質の高い英語コンテンツと保育サービスを提供するアフタースクール・幼児園事業で、ワーキングマザーにとっても、これからのグローバル社会を生きていく日本の子どもたちにとっても、そして商社が取り組むテーマとしても意義深いと考えて、チームメンバーとともに全力で取り組んでいました。

まずは全社の新規事業支援の助成金を利用して入念に市場調査を行い、ビジネスモデルを磨き、ビジネスパートナーとジョイントベンチャーを創って、私自身も取締役に就任。モデル校を2校つくり、フランチャイズ形式で北海道から九州まで6校を展開し、さあこれからというときに、思いもよらなかったことが起こりました。

本部のトップが変わり、急に事業にストップがかかったのです。さまざま事情が絡んでいましたが、いま振り返れば一番大きかったのは、新たなトップと私との信頼関係だったように思います。いずれにせよ結論としてはそれまで4年をかけて育ててきた事業を、意に反して売却することになってしまったのです。

「雇われている限り、こういう納得できないことが起こるんだ」。52歳にしてはじめて、私は「雇われる働き方」に限界を感じました。

会社を辞めてもやりたいことがわからない

もう「雇われる働き方」を卒業する時期なのかもしれない。そう思ったものの、実際に会社を辞める決断をするまでには、半年ほどぐずぐずと悩むことになります。会社を辞めても何がやりたいのかわからなかったからです。

会社には優秀な人財がいる、資金もある、ネームバリューもある。何か社会をよりよくするためのインパクトを起こすなら、この場所にいたほうがいいのではないか。一方で、ここで踏みとどまってまた新しい事業の立ち上げに挑戦すると5年はかかる。そのとき私は57歳。そこまで会社にいたら、もう会社を飛び出す勇気はないのかもしれない。そんなことをモヤモヤ考えていたときに、たまたま読んだのが第一章でも触れた『ＬＩＦＥ ＳＨＩＦＴ　１００年時代の人生戦略』でした。

この本で、私は人生の時間軸が変わりました。これまで30年働いてきたけれど、人生１００年時代。85歳まで働くとしたらあと30年以上もある。だったらなんだってできそう。そう考えたら急にワクワクしてきたのです。無理してこの場に留《とど》まる必要もないし、あわてて次を決めなくてもいい。時間はたっぷりある。もう52歳ではなく、まだ52歳。人生の時間軸をとらえ直すと、こんなにも未来への期待感が高まるのかと自分でも驚きました。

　こうして私は退職を決意し、最後にこれだけはやってから会社を辞めようと思っていたことを２つ準備しました。私なりの新規事業の立ち上げ方の勉強会と、女性の活躍推進のために必要だと思うことのレポートです。これでお世話になった会社への私なりの恩返しも終了。有休を消化して、２０１７年6月30日、私は53歳で会社員最後の日を迎えました。

　挨拶《あいさつ》を終えて９年間通った高層ビルの29階から1階に降りて、会社を一歩出たときの爽快感《そうかい》はいまでも忘れられません。会社員としてかなり自由にたくさんのチャレンジをさせてもらい、仲間にも恵まれた楽しい30年間でしたが、それでもいろいろなことに縛られていたのでしょう。自由な空気を思い切り吸って、タクシーで銀座の裏通りの小さな寿司《すし》屋に向かいました。そこには同じく均等法第一世代の女友達２人が待っていてくれました。ひとりはすでに「雇われない働き方」にシフト済み。もうひとりは会社員としてまだ頑張り中。同じ時代を走り続ける２人から、「お疲れ！」と渡された花束は格別なものでした。

学ぶことから始める

ワクワクした気持ちで始まった私の新たな「ライフシフトの旅」。貯金通帳を眺めると多少の蓄えはあったので、2～3年はこれからの自分にとって必要だと思うことを学ぼう、そのプロセスの中でこれから情熱を注ぐ「これだ！」というものをじっくり探そう、そう決めました。

まず住友商事時代に苦労した英語をなんとかするために、語学留学をすることにしました。というのも、「グローバル教育事業」のビジネスパートナーだった東京インターナショナルスクール理事長の坪谷ニュウエル郁子さんから、目から鱗の話を聞いていたからです。それは様々な研究や坪谷さんの実感値から、英語を日常生活で不自由なく使えるようになるためには2000時間が必要だけれども、私たち世代が受けた教育では1000時間しか英語に触れていない。したがってそれだけではできなくて当たり前だということ。そして大人になってからでも2000時間学べば英語を身につけることはできるということです。

であればということで、退職後の7月～翌年の3月末までの9か月の間に語学留学をして、足りない1000時間を一気にクリアしようと考えたのです。留学先はあれこれ悩みましたが、1か所に絞らなくてもよいとひらめきました。「迷ったら2つ買う」という大人買いの法則です(笑)。1000時間をクリアするには、1日10時間(スクール+日常生活)×週5日間学ぶとして、20週間(5か月)が必要。そこで当時サステイナブルな暮らしで話題だったアメリカ・オレゴン州のポートランドに3か月、ヨーロッパの憧れのリゾート地マルタ島に3か月というプランを立てました。もうこれだけでワクワクです。

ただいろいろな留学体験記を調べてみると、低い英語レベルのまま留学してしまうと、はじめて英語を学ぶ高校生などと一緒のクラスに入れられ授業のディスカッションがつまらないので、一定のレベルになってから留学すべき、ということもわかりました。そこで本格留学前にフィリピンのセブ島に3週間プチ留学をすることに。フィリピンは日本から一番近い英語圏。圧倒的に費用が安いので、マンツーマンレッスンが可能なのです。ここで私の弱点を知って、鍛え方も学んで、自主練をしてから旅立つという作戦を立てました。

「大人の語学留学」の成果

さあいよいよ大人留学のスタートです。もしかしたら会社を辞めたら留学をしたいと考えている人もいると思うので、少し詳しめにお話ししますね。

フィリピンは、セブ島のQQイングリッシュITパーク校を選びました。リクルート時代の後輩がセブ島社会人留学専門のエージェントをやっていて、私にあっていると推薦してくれた学校です。リクルートは「人財輩出企業」と言われるだけあって、本当にあらゆる分野に出身者がいて助かります。実際に行ってみると、確かに安全で美味しいレストランも豊富な立地。カスタマイズしてもらった1日8コマ（8時間）のプライベートレッスンはハードでしたが、先生たちの質も高く、正解でした。そしてわかったことは、私はもっと耳を鍛え、発音を矯正する必要があること。また単語や文法は日本にいても学べるので、しっかり学び直しをして、現地では会話に特化すべきだということです。

そこで自主練を3か月がっちりやりました。アルクに転職したリクルート同期にお勧め教材を聞いてディクテーションをやって、スタディサプリEnglishも毎日やりました。そして満を持して、9月中旬からポートランドへと旅立ったのです。留学先はカプラン・インターナショナルという語学学校です。英語上達のコツは、「英語を学ぶ」のではなく、「英語で自分の興味のあることを学ぶ」ことなので、興味のあるインテリアやガーデニングの専門学校とか、マーケティング系のビジネススクールなども探したのですが、留学期間と私の英語力からするとなかなか難しく、であれば、昼間は語学学校、放課後の活動で自分の興味のあることを英語で探究するというように分けることにしたのです。

カプランでは自主練のおかげでレベル4という上から2つめのクラスに入ることができ、クラスメイトも20~50代までのビジネスパーソン、国籍もヨーロッパ、南米、中東、アジアと多様。カリキュラムも食文化や働く価値観、環境問題など興味深いテーマを英語で考える探究型で、思っていた以上に刺激的でした。放課後も、ポートランドならではの自然とクリエイティブな文化を楽しみながら、地元の人が通う市民大学や料理教室、ヨガ教室に行ったりして英語のレベルアップに励みました。

その結果、卒業時には目標としていた英語レベルも達成(CEFRでB2相当からC1相当)! まあこれは瞬間風速ではありますが、ポートランダーの自分の町と自然を愛する、ゆったりとした暮らしにも心を動かされ、また世界各国から集まったクラスメイトのチャンスをつかもうとするエネルギーにも刺激を受けて大満足の帰国となりました。

ただ私の語学留学プロジェクトは、残念ながらここで中断。ポートランドから12月末にいったん帰国し、1月から3か月間マルタ島に行く予定だったのですが、義父の介護の関係で旅立てなかったのです。英語力はそういう意味でもまだ道半ばで、自主練を続けつつ、虎視《こし》眈々《たんたん》と次の機会を狙っているところです。

大学院でライフシフトの研究をスタート

留学期間を退職した翌年の3月までとしていたのは、4月からは大学院に行くことを決めていたからです。会社員時代も社会をよりよくする事業にやりがいを感じてきたので、これからもそういった方向の仕事をしていくのだろう、であればソーシャルイノベーションを体系的に学んでみたいと思ったのです。自分がゼロから立ち上げた事業を売却せざるを得なくなったことも、影響していました。自分のやり方が間違っていたのか、もっとほかのやり方があったのか、そこを探究したいという思いもありました。

選んだのは、慶應義塾大学大学院政策・メディア研究科です。「ソーシャルイノベーション」で検索したら、この研究科に設置された「社会イノベーターコース」がヒットしたのでした。キャンパスがSFC（神奈川県の湘南藤沢《しょうなんふじさわ》キャンパス）なので東京の自宅から2時間近くかかるところが気になりましたが、退職後の自由の身だし、幸いにも入学には英語の筆記試験やTOEICの点数指定もなし！　指導を受けたい教授に研究計画書を出し、面接試験を受けて合否が判定されるということで、有休消化中に受験をして、合格切符を手に入れていたのです。

30年ぶりの学生生活は贅沢《ぜいたく》な時間でした。仕事のためではなく、純粋に興味のあることを学び、深く考えることに時間とお金を使えることは、これまで走り続けてきた自分へのご褒美だと感じました。ソーシャルイノベーションについても最先端の動向を学び、「自分が感じる社会の不安や不満を出発点にする」という私のアプローチ手法が間違っていなかったことも確認できて、心の揺らぎが収まりました。何より自分がイノベーションを起こしたい領域が見つかったことが一番の収穫でした。

それが「人生100年時代のライフデザイン」です。『LIFE SHIFT』を読んで、人生100年時代は生き方が変わることはわかったけれど、具体的にはどう変わるのか。特にずっと会社という枠組みの中で生きてきた会社員は、定年後どうすればいいのか。私自身の不安は、社会の不安でもあり、探究する価値がある。ライフデザインのイノベーションこそが、いま求められている。そう思い至ったのです。

「つなぎ」で、個人事務所を設立

大学院への進学と同時期に、個人事務所を設立しました。研究活動をメインとしつつも、ぽつぽつと小さな仕事のお声がけをいただくようになったからです。とはいえ、まだ大学院生だし、会社員時代と同じように情熱を注ぎ込める「これだ!」という何かを探している最中なので、それが見つかるまでの「つなぎ」のような感覚でした。そのため開業届の屋号も「河野純子事務所」と何をやっているかわからない名前で提出。とりあえず心の中で「意義あることを楽しい仲間とともに」という方針だけ決めました。

そんな風にして始まった仕事の1つが、リクルート時代の上司だった大野《おおの》誠一《せいいち》さんと、先輩だった豊田《とよだ》義博《よしひろ》さんが立ち上げたソーシャルベンチャー、ライフシフト・ジャパンへの参加です。お2人が書籍『LIFE SHIFT』にインスパイアされ、日本発のライフシフト社会の創造を目指す会社を立ち上げたことは、ポートランド留学中にFacebookを通じて知って、「まさに私の関心事！　帰国後は大学院生で暇なので何かあればお手伝いしますね」と応援のメッセージを送っていました。

帰国後、お2人と再会。リクルート卒業後、それほど頻繁に会っていたわけではないのですが、やはり一時期、同じフロアでそれぞれメディアの編集長として働いてきた仲間。ものの考え方やスピード感は心地よく、再び一緒に仕事ができることにワクワクしました。具体的には大学院での研究活動とリンクするライフシフト実践者（ライフシフター）のインタビュー記事の制作からお手伝いすることになりました。

それから2年、研究活動としても、ライフシフト・ジャパンの仕事としても、数多くのライフシフターにインタビューを重ね、私は「中高年のセカンドキャリアとしての起業の選択とそのプロセス」と題した修士論文を書き上げ、2020年3月に大学院を修了しました。56歳のときです。研究成果として「普通の会社員でも新たなスキルを学ぶことで起業ができ、人生100年時代を楽しく生きていくことができる」という結論に到達したことには、達成感がありました。

そしてもっとこのテーマを深めたいと思い、私は慶應義塾大学SFC研究所の上席所員として研究活動を続ける選択をしました。けれども「研究者の道」は求めていた「これだ!」というものとは思えませんでした。研究は楽しいけれど、私はやっぱりビジネスが好きで、何か自分で事業を立ち上げたかったからです。ライフシフト・ジャパンの仕事も、あくまで先輩が立ち上げた会社の「お手伝い」の気分のまま。私のモヤモヤはまだ続いていました。

大学院修了後はインテリアの専門学校へ

私が本当にやりたいことは何だろう。多くのライフシフターが、自分がやりたいことを見つけるためにしていたように、私もこれまでの自分の人生を振り返ってみたとき、1つのキーワードが見つかりました。インテリアです。もともとものづくりが好きで高校時代は建築家もいいなと思っていたけれど、物理のテストで2点(100点満点で！）をとってあきらめ、雑誌編集者に絞ったこと。「週刊住宅情報」編集部時代も美しい空間の取材が楽しかったこと。29歳でマンションを買ったとき、インテリアを整えることに熱中したこと。インテリアコーディネーターの勉強をしてみようと思っていたころに「とらばーゆ」に異動となり、目指していたことすら忘れてしまっていたこと。そんなことを思い出し、一度インテリアに本気で向き合ってみないと、一生後悔するかもしれない。そう思ったのです。

かつて入学を検討した専門学校の老舗《しにせ》、町田《まちだ》ひろ子アカデミーを調べてみると、4月からの週1回の通学コースの申込締切にぎりぎり間に合うことがわかり、これも縁と思い即エントリー。こうして大学院を修了した翌月から、私は専門学校生としてまた2年、学ぶことになったのです。

そして早速、嬉しい発見がありました。課題制作で海外の照明を扱うショールームを訪問したときのこと。住宅の世界から離れて20年が経っていましたが、美しい照明をみて「あ、この場所に私は帰ってきたんだ」という心躍るものを感じたのです。手を動かして図面を引くことも楽しくて飽きない。コーディネーター資格も1年目で合格し、1年次修了時には最優秀生徒にも選んでもらいました。

ジタバタした先に見えた景色

60歳までには「これだ」を見つけよう

一方で学びはじめてみると、業界事情などいろいろなことがわかってきます。例えば思っていた以上に奥が深く、いきなりフリーのコーディネーターとして活動するのは難しいのかもしれないということ。であればすべての仕事を整理してどこかで修業をさせてもらえないかと求人を見てみても、ピンとくる募集はなかなか見つからない。そもそもインテリアは好きだけれど、コーディネーターではないのかもしれない。だったらなんだろう……そんな迷いが生まれてきたのです。

2～3年ぐらいで何かを見つけよう、きっと見つかるはず。そんな楽観的な気持ちで会社員を卒業したものの、4年たっても「これだ!」と思えるものに出合えず、だんだんと焦ってきました。ただ心の救いは、それまでインタビューしてきた人たちもみんな50代はジタバタしていたということ。50代は「第二の思春期」。悩んで当たり前なのだと気づいたのはこのときです。そしてこうなったらもう焦らずに、50代のうちはとことんジタバタしよう。そしてなんとか、60歳はすっきりとした気持ちで迎えよう。そう目標を修正しました。

60歳。この年齢にはなんともいえない「重たさ」を感じていました。多くの人が定年を迎える年齢。還暦。赤いちゃんちゃんこ。ついに高齢者というイメージが重なって、40歳を迎えるとき以上の恐怖感、嫌悪感があったのです。年齢なんて関係ないと、元気よく自分探しの旅に出たのに、やはり大きな節目なのでしょう。このモヤモヤした状態のまま、60歳は迎えたくない。「河野純子・60歳」のあとに、何者かを語れるようになっていなければ。そんなことを思っていました。

病気とコロナで気づいた、人生でやり残していること

モヤモヤが続く中、ついに転機がやってきました。インテリアの専門学校2年めに入った5月に受けた人間ドックで、0期の食道がんが見つかったのです。2人にひとりががんになる時代とは聞いていたけれど、まさか自分がと驚きましたが、幸いにも0期で、30分ほどの内視鏡治療で切除できるとのこと。ただ治療後、食事の制限があるので、人生初の5日間の入院を経験しました。コロナ禍ということで、夫も付き添えず、ひとり病室にいると天井を見ながらいろいろなことを考えるものです。

まず思ったことは夫のありがたさです。我が家は夫も自営業で、それぞれにやりたいことをやってきました。特に私は仕事にかなりの情熱を注いできて、会社員卒業後も、自分のこれからの仕事をどう創っていくのかだけを考えていました。けれども病気がわかって以降、夫が心底心配してくれて、こんなにも自分のことを大切に考えてくれる人がいるということは本当にありがたいことだなと思ったのです。考えてみたら、自分が一番リラックスして幸せを感じるのは、夫と美味しいものを食べたり、旅をしたりしているとき。あるいは夫婦共通の友人と過ごす時間。夫はまさに人生をともに楽しむパートナー。であればこれからの人生は、夫との時間をもっと楽しみたい。そうでなければ結婚した意味がない。そんな思いが浮かんできました。

またコロナ禍で自宅にいる時間が増え、住まいそのものの質、住む場所、地域とどうつながるのか、こういったことが人生の豊かさに大きく影響してくることにも気づきました。会社員時代は自宅と会社を往復するだけで、住む地域とは全くかかわりがありませんでしたが、その後ポートランドで体験した自然と地元の食を愛する、ゆったりとした暮らしにも影響を受けたのだと思います。もう会社員ではないのだから、通勤に便利な場所に住んでいる必要はない。夫との日々の暮らしをもっと楽しめる場所、大切な友人たちと豊かな時間を過ごせる場所に移住してもいいのではないか。人生100年時代とはいえ、明日死ぬかもしれない。であれば、いつかこんな暮らしをしたいと思っていることはいますぐすべき。いつかと言っているだけでは、いつかはこないのです。

ジタバタした先に、彩り豊かな景色が見えた

これまで思いっきり仕事をしてきたけれど、仕事だけでなく、暮らしをもっと楽しむことこそ、私が人生でやり残していることなのかもしれない。そんな思いに至って、私はようやく「これだ！」と思える何かを探さなければというプレッシャーから解放されました。

第一章で「やりたいことを1つに絞る必要はない」とお話ししましたが、私がそう思い至ったのはこのときだったのです。そしてその考えを後押ししてくれたのが、リクルートの先輩で、東京都で義務教育初の民間校長になった藤原和博《ふじはらかずひろ》さんの「人生100年時代のライフデザインは、富士山型の一山主義では生ききれないし死にきれない。目指すのはいくつも峰が連なる八ヶ岳《やつがたけ》型連峰主義だ」という言葉でした。それまでも書籍で読んだり、セミナーで聞いたりしていたので知ってはいたのですが、このときはじめて自分事として立体的にイメージできました。

そして個人事務所を設立して4年、「意義あることを楽しい仲間とともに」という

方針だけ決めて、頼まれるままに、あるいは興味のあるままにあれこれ小さな仕事をやってきましたが、俯瞰してみるとちゃんと私らしい山脈がいくつか連なっているように見えてきました。1つの山脈は「ライフデザイン系」で、これからもっと深めていきたいもの。振り返れば、私はずっと人の生き方、人生に興味がありました。大学の卒業論文は「女子学生の性役割の習得過程とライフプラン」がテーマでした。リクルートに入社してからの「週刊住宅情報」を通じた住まい方の提案も、「とらばーゆ」を通じた働き方の提案も、人生に大きくかかわるもの。だからファッション誌よりも面白く感じたのでしょう。そしていま研究者として「人生100年時代のライフデザイン」という新しい山を3合目ぐらいまで登ってきたところ。その延長線上にあるライフシフト・ジャパンでの活動は「お手伝い」どころか、ライフワークともいえるとても大切なものでした。

もう1つは、「ビジネススキル系」の山脈。会社の外に出てみたら、これまでの30年間で身につけてきたコミュニケーションやマーケティングのスキル、ダイバーシティ推進や新規事業開発に関する経験といったビジネススキルが、思っていた以上に求められていました。「できることではなく、ワクワクすることを」。これは多くのライフシフターが語っている「自分が主人公の人生」を歩むうえで大切な視点ですが、できることを活かして社会に貢献できるのであれば、それも私がしたいことの1つ。リクルートから住友商事に転職をして、自分の領域を広げたことがこの山脈を豊かなものにしてくれていることに感謝して、これからもさまざまな形で社会に還元していこうと思えました。

そして3つめが、これから育てていく「ものづくり系」の山脈です。子どものころから図画工作が得意で、手を動かすことが好きでした。インテリアもここに分類できる仕事。まだ山を登り始めたばかりですが、すべてを投げうって飛び込むのではなく、小さな仕事から始めていけばよいと考えればいろいろな可能性がありそうです。楽しみながら、学びながら、10年ぐらいで何らかの形にしていければいいと考えました。またインテリア以外にも「ものづくり系」でいろいろやってみたいことがあるので、徐々にトライしていくつもりです。

「雇われる働き方」に限界を感じて始まった私のライフシフトの旅。それは単純に「これだ！」と思える何かを見つけて「雇われない働き方」へとシフトする旅ではありませんでした。これからの私の人生で大切にしたいことに気づき、「ありたい自分」を見つける旅でした。そして58歳にしてようやく霧が晴れて見えてきた景色は、日々の暮らしを楽しむ自分と、「深める」「活かす」「育てる」の3つの山脈の中に小さな仕事が重なっていく彩り豊かなものでした。

「生誕60周年記念事業」と銘打って

ようやく60歳からの「ありたい姿」が見えてきたので、次はそんな私になるために必要なアクションを起こすフェーズです。

仕事のほうは、まずライフシフト・ジャパンの「お手伝い気分」を返上。出資をして、取締役を引き受けることにしました。自分の経験を活かせる仕事は、これまで通り喜んで引き受け、インテリアについては、網羅的に学ぶのではなく得意分野を決めて経験を積むこと、インテリアの専門家のコミュニティに参加して経験不足をカバーすることにしました。

そして日々の暮らしを楽しむためにやりたいことをピックアップしました。いつかはこない、やりたいことはいますぐ。そう考えると、リストはどんどん長くなっていきました。そこで一連のやりたいことを「生誕60周年記念事業」と銘打って、59〜61歳になるまでの足掛け2年間で実行することにしました。どうせなら60歳を迎えることを思いっきり楽しんでしまおうという魂胆です。

その中核事業と位置付けたのが、セカンドハウスを持つこと。東京での暮らしも便利で楽しいので、移住ではなく、自然豊かな場所に仕事場を兼ねた「ワーケーションハウス」（WORK+VACATION　HOUSE）を持てないかと考えました。インテリアにもこだわって、モデルハウスとして活用できたら一石二鳥！　という作戦です。

はたしてそんな金銭的余裕はあるのか？　この年齢でローンは組めるのか？　そもそも我が家の100年ライフの収支は大丈夫なのか？　まずはそこを確かめる必要があり、私はリクルート時代の後輩でずっとお世話になっているファイナンシャルプランナーのTくんと、不動産会社を起業した元部下Nくんに相談をしました（本当にどこにでもリクルート出身の専門家がいて助かります）。

Tくんは、エクセルで私の生涯収支をつくってくれました。その結果わかったことは、この先長く働いていくのであれば、それほど多くの収入を得なくても生活には困らない、セカンドハウスもOKということでした。数多くのライフシフターにインタビューを重ねてわかっていたはずでしたが、試算してもらってはじめて自分事になりました。第一章でも書きましたが、自分のケースで生涯収支を試算することはとても大事なことです。

そしてNくんは、住宅ローンは80歳までに完済できればよいので年齢的には問題なく組めることを教えてくれました。とはいえ、これからローンを抱えることはちょっと気が重いので、ぼんやりと貯めていた「起業資金」と「老後資金」を使ってしまうことにしました。初期投資がかさむ事業を立ち上げる予定も必要もないので「起業資金」は不要、そして子どものいない私たちにはお金を遺《のこ》したい人もいません。『DIE WITH ZERO 人生が豊かになりすぎる究極のルール』(ビル・パーキンス著 児島修訳 ダイヤモンド社)に書かれているように、目標は「ゼロで死ぬ」こと。これからも働き続けるわけだし、「老後資金」はいま使って、人生を楽しんだほうがいいと考えたのです。

85歳までは「アクティブ期」。おそらく東京の自宅と、セカンドハウスを行ったり来たりする体力もあるでしょう。移動が辛くなってきたら、両方を売って、その先の「セルフケア期」にふさわしい住まいに組み替えればいい。不動産はそういった組み替えができるのがいいところです。私は金融商品には疎く、金融投資や節税についてはTくんにおまかせです。でも「週刊住宅情報」編集部時代にさんざん不動産売買のノウハウを勉強したので、不動産を買うことには抵抗がありません。勉強したことがこんな風に生きていて人生に無駄はないものですね。

「ゼロで死ぬ」ことを目指す

ワーケーションハウスの場所として考えたのは、東京の自宅から1時間半ほどで行ける、海も山も楽しめる場所。特に仲の良い友人が長野県に「山の家」を持っているので、我が家が「海の家」を持てば、お互い両方の暮らしが楽しめてよさそう！　と考えました。別荘もシェアする時代です。それに夫は海好きですが、私はこれまで海遊びは全くの未経験。それは海に囲まれた日本に生まれてもったいない。人生でやり残しているフロンティアの1つでは？　とも思ったのです。

最初はおしゃれな葉山《はやま》エリアに絞ってSUUMOで検索していたのですが、コロナ禍で移住者も増えて、予算内では無理なことがわかり、どんどん検索範囲を広げていって、三浦《みうら》半島の先端にやっと気に入った土地を見つけることができました。小さな土地ですが、ヨットハーバーが見下ろせる高台で、海までも徒歩数分。残念ながら昨年の60歳の誕生日には間に合いませんでしたが、この夏ついに完成！　この原稿もワーケーションハウスで書いています。

昨年から犬も飼い始めました。ポルトガルの海辺で漁師さんのお手伝いをしていたというポーチュギーズウォータードッグのミックス犬なので、海の家にぴったり。散歩は健康にもいいし、ご近所に犬仲間もできて、とても良い選択でした。

私が海遊びをしてこなかった理由の1つは、眼がものすごく悪くて、コンタクトレンズが欠かせないからです。でも海辺の暮らしを楽しむなら、眼の問題も解決しなきゃと思っていたところ、今年の人間ドックで白内障が発覚。「生誕60周年記念事業」

の締めくくりは、眼の手術ということになりました。「命の次に大事なもの」として40年以上にわたって私の生活を支えてくれていたコンタクトレンズとついにお別れ！裸眼生活はすこぶる快適です。

私が60歳を迎えた日

こうして私は、あんなに恐れていた60歳をワクワクとした気持ちで迎えました。誕生日当日は、ワーケーションハウスが未完成だったので、現地のすぐ近くのペットOKの貸別荘を借りて、夫と愛犬ハナと、夫婦共通の友人を招待してBBQパーティをしました。赤いちゃんちゃんこはなしで、おしゃれにテラスでシャンパンをあけて乾杯をしていたら、突然、海から花火が！「え、夫からのサプライズプレゼント⁉」と驚きましたが、ただの偶然でした。でもこんなラッキーなことが起こるなんて、私の60代はますます楽しくなりそうな予感がしました。なにより人生をともに楽しむ大切な仲間と元気に60歳を迎えることができたことに心から感謝をしました。

もし53歳で会社を辞めずに、あのまま会社員として働き続けて60歳となり、定年を迎えていたらどんな気持ちだったかなと考えてみました。退職金をもうちょっともらえて、達成感もあったかもしれません。あるいは労働力不足からシニアの活用も進んでいますから、その流れでもしかしたら私もいい感じの再雇用先を確保できてほっとしていたかもしれません。それはわかりません。

でもあのとき「雇われる働き方」の限界を実感してしまった私は、あれ以上会社にい続けることは難しかったように思います。これまでも自分の中のモヤモヤに蓋《ふた》をせずに、自分と向き合うことで、一歩ずつ自分らしい人生を創ってきました。28歳で最初のライフシフトをしたときも、40歳で小さなシフトをしたときもそうでした。今回もきっかけは意に反した出来事でしたが、結果的に良いタイミングで「人生100年時代」の生き方に向き合う機会を得たように思います。時間をかけてジタバタ動いたからこそ、これからの人生で大切にしたいことを自覚でき、ワクワクした気持ちで60歳を迎えることができました。

年齢を重ねるということは、いろいろなものから解放されて自由になっていくこと、より自分らしくなっていくということなのだと思います。特に「雇われる働き方」を卒業して見えた景色は、思っていたよりもずっと解放感のある伸びやかなものでした。私にとって、会社というところはお金をもらいながらたくさんのことを学ばせてもらったビジネススクールのような場所でした。目標や資金、人財が用意された環境の中で、自分が学べることはもう十分に学びました。まあまあハードなビジネススクールを2校も卒業して、これからは自分の裁量で、学んだことを活かし、でもそれに縛られず、やりたいことを自由にやっていけるのです。
60歳って悪くない。自由で楽しい。いまはそう思っています。

第三章

60歳からの仕事

「小さな仕事」を長く続ける

やりたいことを見つける8つのアプローチ

60歳を迎える準備の旅、いよいよここからは実践編に入ります。まずは仕事について考えていきます。仕事は60歳からの人生のすべてではありませんが、とても大事なもの。理想は「雇われる働き方」を卒業して、自分の好きな分野で小さな仕事を立ち上げること。収入は月5～10万円程度でＯＫ。自分が雇い主だから定年はないし、好きな仕事だから楽しく続けられます。目標は90歳まで、自分の裁量で働く充実感を味わいながら続けていくことです。

ではどうすればそんな働き方を実現できるのかを、先輩たちのライフシフトに学びながら具体的に考えていきましょう。特に会社員時代とは全く異なる分野で「やりたいこと」を見つけて起業した人（小さな仕事を立ち上げた人）のプロセスに学んでいきたいと思います。「私には特別なスキルや経験もないから……」という理由で、「雇われない働き方」へのシフトをあきらめてほしくないからです。

第一章でお話しした通り、５人にひとりは経験のない分野で起業をしています。「やりたいこと」を見つけるまでには苦労がありますが、「やりたいこと」が見つかればそれを仕事にすることはそれほど難しいことではありません。必要なことがあれば学べばいいし、「やりたいこと」が見えてくると自《おの》ずと学ぶエネルギーもわいてくるからです。

問題はどうすれば「やりたいこと」を見つけることができるのかということ。そこで本章では先輩たちが辿《たど》ったプロセスを分析して見えてきた、「８つのアプローチ法」をご紹介します。これらの方法は山頂を目指す登山ルートのようなもの。どのルートから登ってもＯＫです。違うルートを登って行ったら、違う山頂に着くこともあります。それもまたよしです。何度かお話ししているように、やりたいことを１つに絞る必要はないからです。気になるアプローチ法をいくつか試してみて、いろいろな候補を考えてみてください。

８つのアプローチごとに、先輩事例をご紹介します。ふとしたきっかけで心が騒ぎ出し、ジタバタと動きながら、悩みながら、やりたいことにたどり着き、そしてしっかり学んで、「小さな仕事」を作り出した先輩たちの物語からは、いろいろなヒントを受け取ってもらえると思います。

やりたいことを見つける手がかりは、これまでの人生の中に必ずあります。多くの人が、忙しい日常の中で、あるいはこれまで会社のため、家族のためなど、自分以外のことを優先してきたので見失ってしまっているだけなのです。ですから自分の気持ちに蓋をせず、８つのアプローチを使って、丁寧にこれまでの人生を振り返ってみてほしいと思います。

【アプローチ1】人生で一番ワクワクしたことを思い出す

最初に紹介するアプローチ方法は、これまでの人生を振り返り、「一番ワクワクしたこと」を思い出すという方法です。「ワクワクする気持ち」というのは、ひとりひとりの心の中から湧き出てくる未来への期待、行動の原動力になるものです。心が弾むワクワク感があるから、人は頑張れるし、そんなワクワクを仕事にできたら人生は楽しいに決まっています。

会社主催のキャリア研修などで、自分を振り返るワーク、いわゆる「キャリアの棚卸し」をやったことがある人もいるかと思います。ただここでやることは、「自分ができること」に目を向けるのではなく、「ワクワクしたこと」にフォーカスして人生を振り返ることです。また振り返るのは仕事だけでなく、人生全般。子どものころまで遡《さかのぼ》って、1歳ごとぐらいの詳しさで、じっくりと「ワクワク体験」を思い出してみてください。忘れてしまっていることもあるので、親や兄弟姉妹に聞いてみるのもよいでしょう。またなぜワクワクしたのか、その背景にある気持ちまで深掘りしてみると、やりたいことにつながるヒントが見えてきます。

●学生時代のバックパック旅行のワクワクを思い出し、旅行業で起業

例えば、機械メーカーで海外営業などを経験してきた田辺一宏さん（case6）が、60年近い人生を振り返って思い出した一番の「ワクワク体験」は、学生時代のバックパック旅行でした。

田辺さんは、57歳の役職定年を機に起業を考え始めます。60歳の定年後も嘱託雇用で事務職として働く道はありましたが、給与も大幅に下がり、事務職に面白みを感じることもできないため、であれば60歳で定年退職し、自分が楽しいと思える仕事をしたいと考えたからです。当初は何で起業したらいいのか全くわからず、得意の英語を活かして英会話の先生になることも考えましたが、英語は好きだけれど、教えることは好きではないことに気づきます。

そんななか、起業塾で「できることよりワクワクすることで起業すべき」ということを学び、自分を掘り下げるワークに取り組みます。そこで大学2年生のときに1年間休学して、世界20か国を巡ったバックパックの旅の楽しさを思い出したのです。旅行業だったら、英語も活かせるし、自分も楽しみながら働けると思い、心が決まります。「暮らすように旅する」というコンセプトで、民泊を活用した長期滞在型の個性的な旅行をインターネットで販売するという事業を立ち上げることになります。

そこからの田辺さんは実にパワフル。ゼロから情報収集をした結果、旅行業を始めるにはやらなければならないことがたくさんあることがわかり、次々とこなしていきます。中でも難関は合格率15％の「総合旅行業務取扱管理者」という資格の取得。勉強のためにあわてて会社を辞めて、4か月間集中して学んで見事1発で合格。無事に60歳でひとり起業しました。開業当初は集客に苦労しましたが、同窓会や同業者の会などに積極的に参加してネットワークを広げ、軌道に乗せていきました。

田辺さんのお話を聞いていると、添乗でお客様と一緒に旅をしたり、空港で解散したあとひとりで近国をふらりと旅することもあるとのことで、実に楽しそうです。「起業には苦労はつきもの。英会話教室ではワクワクが足りず途中でやめていたかも」と話しています。

●一番楽しかったのは人事部時代と気づき、キャリア支援の道へ

新卒で信託銀行に入行した山際祐治さん（case3）が、65歳までの嘱託雇用を選ばずに、60歳での定年退職を選んだのは、「仕事人生の最後は会社から与えられる仕事ではなく、心からやりたいと思える仕事をしたい」という思いから。また会社員時代に犠牲にしてきた趣味や家族との時間を取り戻したいという願いもありました。

とはいえ退職時には「心からやりたいと思える仕事」の具体的なイメージはありま

せんでした。融資や資産運用については多少の自信がありましたが、もう金融の仕事はしたくない。何らか世のため、人のためになる仕事をしたいという思いはあるけれど、じゃあいったい何をしようか……退職してからの1年間は、震災被災者の就学支援をするＮＰＯに参加したり、失業保険の給付を受けたりしながら、「次」を模索する日々が続きます。

道筋が見えたのは、ハローワークのセミナーで勧められた「キャリアの棚卸し」をしてからです。これまでのキャリアを振り返る中で、ふと思い出したのが人事部で採用業務に従事していた頃のこと。融資や資産運用、海外勤務などが長く、採用業務を担当したのは数年でしたが、希望に燃える大学生と面談し、彼らの将来、会社の将来の両方を考えながら採用を検討する。のちに採用した社員が活躍している姿を見て、「私の目に狂いはなかった」とほくそ笑んだり、「あのときに採用してもらったからいまがあります！」と感謝されたり……。これが山際さんのキャリアの中でもっとも楽しく、心からやりがいを感じることができた仕事だったのです。世の中を見渡せば、若者の非正規雇用や早期離職が社会問題化していることもあり、「若者の就職活動を支援する」という仕事には大きなやりがいがありそうでした。

「心からやりたいと思える仕事」に気づいた山際さんはさっそく専門学校に入学。61歳にしてキャリアコンサルタントの資格を取得しました。けれども実務経験はなく、自身で顧客を集めるノウハウもない。そこでシニアの就業を支援する派遣会社に登録をします。登録後、30件ほどマッチングの不成立が続きましたが気長に待ち、やがて大学のキャリアセンターでの学生の就職支援、勤務は週1～3日という理想的な仕事が舞い込んできたのです。

こうして山際さんは、キャリアコンサルタントとして大学生に向き合いながら、学生時代にあきらめたクラシックギターを習ったり、家族と旅行を楽しんだりと充実した日々を過ごしています。派遣は「雇われない働き方」ではありませんが、はじめの一歩として活用するのは良い方法です。

【アプローチ2】長年続けている趣味や、特技を仕事に

もし長年、続けている趣味があるなら、それを仕事にすることを検討してみましょう。人に教えられるレベルにまで極めて、自宅で教室を開くというのは代表的な起業パターンです。20年ほど前に「サロネーゼ」という言葉が雑誌「ＶＥＲＹ」で生まれてから、ひそかに憧れていた人もいるかもしれませんね。自宅を教室にすればコストも抑えられますし、子どもが独立するタイミングは自宅をリフォームして教室スペースをつくるチャンスです。自宅が難しくても、いまはレンタルスペースが各所にあり

ますし、「料理＋お花」など友人とチームを組んでオリジナリティを発揮しつつ、教室スペースも融通し合うという手もあります。

教室以外にも、趣味を活かした仕事を立ち上げた人はたくさんいます。例えば、犬が好きでしつけも得意だった人が、散歩中に近所の人から愛犬のお行儀を褒められて、犬の散歩で起業したというケースも。自分では好きで続けていただけなので当たり前と思っていたことが、他の人から見れば特別だったということもあるのです。自分の趣味なんてたいしたことないなどと卑下せずに、周囲の人からの誉め言葉や頼まれごとも素直に聞いて、可能性を検討してみるとよいと思います。

●元祖サロネーゼ？　90歳になっても「編み物外交」を続ける

例えば私の母（case7）も、周囲からの誉め言葉や頼まれごとがきっかけで、編み物が仕事になりました。母は子どものころから編み物が好きでした。結婚後は家族はもちろん、親戚《しんせき》やご近所さんなどに、お祝いやちょっとしたお礼代わりに、セーターやマフラーなどを編んでプレゼントしていました。センスもよく、やがてお金を払うから編んでほしい、編み方を教えてほしいと頼まれるようになります。

子育ての手が離れた50代になって、母はチャレンジを始めます。人に教えるからには資格があったほうがいいだろうと考えて編み物教室に通い、師範資格と講師免状を取得したのです。自宅で教室を開くようになったのは60歳を過ぎてから。当時はまだそんな言葉はありませんでしたが、いわゆるサロネーゼデビューです。

父が70歳で引退してからは夫婦で団体旅行に参加するようになったのですが、シニアモデルばりに2人で手作りニットを着ていくので、一緒に旅をしたお仲間からも注文が入るようになり、顧客は全国規模に広がっていったのでした。

90歳になったいまはもうお教室は閉じていますが、「編み物外交」（父が命名）は続いていて、全国各地の友人の誕生日などにプレゼントをしてはお米や果物などの返礼品が届くというビジネスモデル（？）が定着。編み物は製図をする際に頭も使うし、手も使うし、ボケ防止に最適なのでしょう。いまだすこぶる元気で、母の才能を受け継いでニット作家として活動している三女（私の妹）から新しい編み方を習ったりもしています。「お友達の顔を思い浮かべながら、デザインを考えるのが楽しい」と語る母は、まさに好きな仕事を長く続けている、人生100年時代のロールモデルだなあと感心しています。

●副業でしていたシルバージュエリーの輸入販売を本業に

外資系企業の経理部門で働いてきた児玉奈緒子さん（case8）が、副業として続けていたシルバージュエリーの販売を本業にしたのは52歳のとき。リスクのない形で趣味を仕事にできた理想的なパターンですが、そのプロセスを伺ってみると、児玉さんの一歩踏み出す勇気がチャンスを呼び込んだように思います。

児玉さんが「この先どうしようかな」と思い始めたのは50歳を迎えたときです。やりがいも感じて楽しく働いてきたものの、優秀な後輩もいる中で、少しずつ自分がお荷物になっているんじゃないかと思う場面が出てきたのです。定年まであと10年、この先もっとつらくなるかもしれないと思ったときに考えたのが、副業のシルバージュエリーの販売を本業にできないかということでした。

シルバージュエリーに出会ったのは、29歳のとき。新卒入社した大手建設会社で事務職をしていましたが、結婚の予定もなく、キャリアに展望もなく、単調な毎日を変えたくて単身シンガポールに渡ったことがきっかけでした。現地で素敵なセレクトショップを見つけ、そのお店が扱っていた天然石を施した美しいシルバージュエリーに心惹《ひ》かれたのです。足しげくお店に通うようになり、オーナーとも懇意に。児玉さんは33歳のときに帰国して外資系企業に転職しますが、交流は続きます。

帰国から10年後、そのショップオーナーが日本で展示会をやるというので、有給休暇をとってお手伝いをします。しかし残念ながら全く売れず、なんとスーツケース2個分のシルバージュエリーを「あとはよろしく」と託されてしまうのです。困りましたが、毎週のように友人を自宅に招いてアクセサリーパーティを開くことに。友人たちも楽しんでくれて、児玉さんも自分がよいと思うものが売れる喜びを実感したのです。

この経験を経て、児玉さんはまた一歩踏み出します。年に一度、旅行も兼ねてインドのデザイナーを訪ね、自ら仕入れをして販売するという副業を始めたのです。それから7年、友人のオンラインショップに出品するなどして、多いときで月10万円ほどの収入を得られるようになっていました。独立する下地はできていたのです。とはいえ会社を辞める踏ん切りはなかなかつかず、2年悩みます。最後は「えいやっ！」と辞表を出しましたが、実際辞めてみると、好きなことが仕事になり、四六時中自然体の自分でいられることに、この上ない心地よさを感じるとのこと。また定年のない働き方を手に入れた心強さも実感しているそうです。Atelier Panero（アトリエ・パネロ）を運営しながら、100歳になってもみんなとおしゃれを楽しみたいと笑顔で語っていました。

【アプローチ3】やり残していることに向き合う

子どものころ、将来はこんな風になりたいと思い描いていた夢はありませんか？もしくは就活のときにたまたま別な道を選んだために実現できなかったこと、経済的な事情や親の反対にあってあきらめざるを得なかったこと、なんとなく憧れていただけで真剣に考えてこなかったこと……。そんな「夢」や「憧れ」、「人生でやり残していること」にあらためて向き合ってみるというアプローチです。私にとって「インテリア」はこのアプローチでたどり着いたテーマです。一度向き合っておかないと、一生後悔する。そう考えて学び始めました。

特に「夢」や「憧れ」、「人生でやり残していること」は思いつかないという人も、例えばいまあなたが高校生だったとしたら、将来、どんな職業に就きたいでしょうか。大学でどんなことを学んでみたいですか？　ゲーム感覚で自由に発想してみるのもよい方法。いまと同じ職業を目指しますか？　違う職業が思い浮かぶでしょうか。もし違う職業が思い浮かんだら、その職業、いまから目指せませんか？　時間はたっぷりあるのです。いまさら無理と思ってしまうのはもったいない。実際にそんな夢や憧れを形にした方をご紹介します。

●憧れは、商店街の喫茶店のおばあちゃんだった

「商店街の小さな喫茶店をきりもりする洒落《しゃれ》たおばあちゃん」。鈴木瑞穂さん（case9）が子どもの頃から憧れてきたのは、生涯現役で働くそんなおばあちゃんでした。またファッション雑誌「Olive」を読んで育った〝オリーブ少女〟だった鈴木さんは、

「Olive」に登場するカフェなどのお店をやりながら自分らしく生きているおしゃれな女性に憧れて、「いつか私もお店屋さんをやりたい」という気持ちを持っていました。

けれども大学を出て選んだ就職先は、当時興味のあったインテリア業界。その後、アート関連に興味が行き、結婚・出産をはさみながら、美術館のミュージアムショップの運営や、科学館での幅広いプロジェクトにかかわります。充実したキャリアを歩みながらも、42歳のときに家族の介護で離職。3年間で祖母、母、姉、父と4人を見送るという大変な時期を過ごします。

ようやく自分の次の仕事について考えられるようになったときに、思いをはせたのが子どもの頃からの夢でした。定年のある会社員には戻らず、店をやろうと決意します。何のお店をしようか。焼き菓子などのスイーツは極めるのに時間がかかり、長年やってきた人にかなわない。あれこれ悩みましたが、子どものためにジェラートを手作りしていて、それがとても美味しくできたのを思い出します。そしてジェラートだけでは客単価が低いから、フルーツをのせてパフェのお店を作ればいいのではとひらめきます。自宅が、全国からフルーツが集まる大田市場の近くだということもプラス要素でした。

ここからの鈴木さんの学び方はとても実践的で参考になります。まずパフェづくりを学ぶために老舗フルーツパーラーの求人を見つけて応募します。当時45歳でしたが、アルバイトなのですんなり採用になります。ラッキーにも下積みなく初日からフルーツを切らせてもらえ、黙々と働くこと1年半。春夏秋冬の果物を経験し、パフェを作るために必要なことを習得します。

続いて地域とのつながりをつくるとともに、事業運営を学ぶために、地元のインキュベーション施設のアルバイトを見つけて応募。運営スタッフとして1年間、働きながら、たくさんのクリエイターと出会い、それがのちの店舗づくりに生きてきます。また多くの個人事業主にも出会い、自分でもやっていけそうという自信につながったといいます。

こうして鈴木さんは、クリエイターに協力してもらいながら実家をリノベーションして、フルーツパフェ専門店「Safi」を開業。パフェ評論家が絶賛記事を書いてくれたこともあり、行列のできる人気店となっています。「これからも自分のペースで、おばあちゃんになっても働き続けていきたいと思っています」と話しています。

●本当はものづくりが好きだったことを思い出して、革職人に

私たち女性は、女性だという理由だけでチャンスを得られなかったり、「家事・育児は女性がすべきだ」といったアンコンシャスバイアス（無意識の思い込み）に悩まされたりしてきましたが、実は男性も同様に「男らしさ」に苦しめられることがありま

す。

外資系化学メーカーの日本法人で日本人トップを務めた瀬畑一茂さん（case10）は、ずっと「男として強くあらねばならない」という強迫観念のようなものを持っていました。子どものころから、「男らしくあれ」という教育を受け、何事も正面から立ち向かい、結果を出すことを叩き込まれてきたのです。その結果として会社員として大きな成功を収めてきましたが、仕事である「化学」を好きだと思ったことは一度もなく、仕事とは乗り越えるべき壁であり、いつもストレスをかかえ、健康診断の結果もボロボロだったといいます。

40代半ばになってこのままでは自分がもたないと思い、仕事１００％の人生から抜け出そう、自分が好きだったことは何だろうと考え、思い浮かんだのがプラモデル作りでした。夢中になってプラモデルをつくっていると楽しかったけれど、両親から「男の子なんだから家の中にいないで外で遊んできなさい」と言われ続けてきたことを思い出したのです。

何かものづくりをしてみよう。瀬畑さんは、ＤＩＹショップで半日コースの革細工講座を見つけて試しに行ってみます。そこでスタッフから腕を褒められ、高額なプロ用の道具を買ってしまいます。うまく乗せられてしまったのかもしれませんが、買ったからには無駄にはできないと続けていくうちに病みつきになり、ついに自分のプランドを立ち上げるまでになりました。

その後、瀬畑さんに人生を見直す決定的な事件が起こります。奥歯に激痛が走り、バキッと真っ二つに割れてしまったのです。長い間、歯を食いしばって生きてきたので、歯がもたないほどの負荷がかかっていたことが原因でした。さすがにショックを受け、瀬畑さんは会社を辞め、夫婦で信州に移住することを決めます。瀬畑さん夫婦にとって、信州は出会った場所であり、ことあるごとに訪れて癒《いや》されてきた場所。これからは信州に恩返しをしたいと考えたといいます。

公的な仕事をしたいと探してみると、安曇野《あずみの》市の産業支援コーディネーターの募集があり、まさに自分の経営者としての経験が活かせて地域に貢献できると応募。その活動を出発点に、コンサルティング会社などを設立。いまでは地元企業の課題解決に向き合いつつ、信州では害獣として駆除されている鹿の皮を使った作品をつくるなど、革職人としての活動も続けています。「自分の人生」を取り戻したと話す瀬畑さん、ストレスからも解放され、健康診断の結果はすべて正常値だそうです。

●人生でやり残したことは、子どもと向き合うこと

人生でやり残したこととして、子どもと向き合ってこなかったことを挙げる人にも出会います。70歳で保育士免許を取得した米内山幸孝さん（case11）も、そんなひと

りです。飲食業界、専門学校の責任者を経て、43歳のとき学生時代から馴染《なじ》みのあった合気道の道で起業。30年近く、氣圧療法での治療と合気道の指導を続けてきましたが、コロナ禍で別の仕事をすることを考えるようになります。

そんなとき、たまたま定年退職後に保育士となった人のドキュメンタリー番組を見る機会があり、「自分が人生でやり残したことはこれかもしれない」という思いがわいてきたのです。独身で子育ての経験がなく、合気道で子どもを教える機会があったものの納得のいく形で子どもたちの成長の助けができなかったという思いも持っていました。当時69歳でしたが、保育士試験には年齢制限は設けられていなかったことにも勇気づけられたといいます。

心の声に従って勉強を開始。無事に保育士免許を取得して就職活動を行いましたが、70歳という年齢がネックになり、採用には至りませんでした。そこでもう少し専門的な資格を持てば道が開けるかもしれないと考え、興味を持ったモンテッソーリ教育を学ぶ決意をします。イタリア初の女性医師であったマリア・モンテッソーリが、子どもの発達を援助するために実践した教育で、表面的に見えているものではない、本来の姿を追求するところに合気道との共通点も感じたそうです。

そこから学校に通い、2年かけてディプロマ（3－6歳）を取得。学校の紹介で就職先が決まり、現在は73歳の新米保育士（モンテッソーリ教師）として、こども園に週3日勤務しています。契約社員なので雇われる働き方ではありますが、自分のペースで働けて、多くの学びがあり、満たされた感覚を持ちながら充実した日々を過ごしています。

米内山さんは少し就職で苦労しましたが、いま教育・保育の現場は人財不足。私たちのように人生経験を積んだ大人が貢献できる機会はたくさんあるようです。例えば東京都の場合、常時、公立学校の時間講師を募集していて、教員免許を更新していなくても応募OK、年齢制限もありません。子どもの頃から先生になることが夢で、教員免許も取ったけれど民間企業に就職をしたという人が、定年を機に時間講師として小学校の先生になったケースもあります。

【アプローチ4】これまで感じた「不安」「不満」を出発点に

私は長年、新規事業や新サービスの開発に携わってきましたが、新規事業を考える出発点は、自分が感じる「不安」「不便」「不満」といった「不」だと考えています。「不」とはまだ満たされていない潜在的なニーズ。そして自分は社会の一員ですから、自分が感じる「不」は社会の「不」でもあり、それを解決する商品やサービスを提供すれば、必ずニーズがあるのです。

大企業の中での新規事業開発では、常に一定の事業規模が求められるので、気になっていても解決できない「不」がたくさんありましたが、いまだったら規模を気にせずに向き合えます。実際に、私自身が人生100年時代の生き方に「不安」を感じていたことが、いまのライフシフト・ジャパンでの仕事につながっています。

皆さんも、これまでの人生の中で、何か強い「不」を感じたことがあると思います。その「不」がまだ十分に解消されていないようだったら、それを解決するような仕事に取り組んでみるのはいかがでしょうか。子育てやキャリア、介護、更年期、人間関係など、自分が悩んだ経験が、後に続く後輩たちの役に立てるのであれば、それはとても嬉しいこと。これからは何らか社会に貢献できる仕事をしていきたいと考えている人にとって、有効なアプローチ法だと思います。

●育休時に感じた「孤独」をきっかけに地域で保育事業を起業

48歳で全国紙の新聞社を退職し、小規模保育園を立ち上げた及川敬子さん（case12）。退職を決めた直接的なきっかけは、異動の内示でした。記者として使命感とやりがいを感じて仕事をしていましたが、会社員である限り記者以外の部署への異動もある。過去に記者以外の部署の経験もあり、勉強にはなったものの、この先も多忙な毎日を続けることで定年までの間に心身ともにすり減っていく自分の姿も見えました。「会社員生活はあと10年だけど、人生は30年はある。体力気力のあるうちに社会起業し、これからは会社のためではなく、社会のために働こう」と決意したのです。

及川さんは、いずれ会社を辞めたら「地域の子育て支援」をやりたいと思っていました。自分が育休中に孤独と不安を感じて、地域の子育てひろばに救われた経験があったからです。その後、仕事にも役立ちそうと考えて、保育士資格も取得していました。ただ実際に退職を決めた時点では、何ができるかはまだ手探り状態。翌年から制度化される0～2歳児の小規模保育園なら経験のない自分でもできるかもしれないと思いつつ、学童保育事業やメディア事業、フリーの記者など、とにかく記者の名刺があるうちにさまざまな人にコンタクトして、話を聞きに行ったそうです。

退職後も情報収集を続けつつ、ボランティアで地域活動に参加。人脈を広げながら、地域の創業支援セミナーにも通い経営を学びます。全6回のセミナーでは、事業計画の書き方など経営の基礎を学んだだけでなく、年齢も経歴も違う仲間がそれぞれの目標を掲げて創業を志していることに勇気をもらったといいます。こうして駆け回っているうちに、やはり保育を軸にやっていきたいという意志が明確になり、良い物件に出合って小規模保育園1園目をオープンします。退職から3年後のことでした。

社会起業した及川さんは、心身ともに解放された感があるといいます。会社員時代、とてもストレスフルな生活をしていたのだと改めて気づかされたそう。「地域は面白いことがいっぱい詰まったワンダーランド。あわよくば90歳まで続けたい」という言葉からは、人生の充実感が伝わってきます。その後、保育園は3つに増え、そのほかにもさまざまな形で地域での子育て支援に取り組んでいます。

●「定年の恐怖」を出発点に、女性のセカンドキャリア支援で起業

男女雇用機会均等法が施行になる3年前に、大手ＩＴ機器メーカーに女性エンジニア3期生として入社した西村美奈子さん（case13）。子育てとの両立支援制度がいまほど整っていない中、お給料のほとんどが保育園やベビーシッター代に消えていたような時期もありましたが、働くことが好きで、2人の息子を育てながらエンジニアにとどまらず幅広い仕事を経験してきました。

そんな西村さんが、定年後の自分に不安を抱くようになったのは40代後半です。ずっと会社中心の生活をしてきて、特別な趣味もない自分は、定年後どうすればいいのか。経験してきた仕事の幅が広いがゆえに専門性が見当たらない。会社の名刺がなくなったら自分には何もない。そんな風に考えて「恐怖」を感じていたといいます。

転機は50代目前にやってきました。当時グループ企業の部長になり、部下との信頼関係を築くのに苦労をして息苦しさを感じていましたが、誘われて社外の勉強会に出てみると、そこには同じ課題に対してフランクに話せる居心地の良い場があったので

す。気の合う同年代の仲間もでき、一緒にイベントを開催したりする中で、自分にも何かできるかもしれないと考え始めるようになります。

そんなときに知ったのが、昭和女子大学の現代ビジネス研究所です。仕事の関係で出会った同大学総長（当時は学長）の坂東眞理子《ばんどうまりこ》さんに、「定年後のキャリアで悩んでいる」とメールをしたところ、「それを研究してみては？」とお誘いを受けます。当初は働きながら研究をしていましたが、自分と同じように「定年後どうしよう」と悩んでいる女性が多いことに気づき、意欲が高まって会社を辞めて研究に専念することを決めます。

ライフワークともいえるテーマに出合い、定年に対する恐怖はすっかりなくなった西村さん。58歳になる1日前にさわやかな気持ちで退職し、坂東さんの勧めもあって翌年には女性のセカンドキャリアを支援するプログラムを提供する研修会社Next Storyをひとり起業します。当初は集客に苦労しますが、メディアに取り上げられたこともあり、現在は集客の苦労も減ったとのこと。受講生の「キャリアについて誰かと話せることが嬉しい」「セカンドキャリアについて考えることが楽しくなった」という声に、心からよかったと思う西村さん。自身の感じた「不安」をビジネスにつなげた好例です。

【アプローチ5】気になる「社会課題」に取り組む

アプローチ4は、自分自身の「不」、「困りごと」の解決を出発点にしていますが、アプローチ5はもっと広く、気になる社会課題に向き合ってみるという方法です。新聞を読んでいてどうしても気になるニュースがあった、心がざわわしてなんとかしたいと思った、社会課題を解決できるサービスを知ってやりがいがありそうと思った……。そんな経験があるのなら、あなたのやりたいことは、ソーシャルビジネスなのかもしれません。

大きな社会問題を前にすると、自分ひとりの力ではなんともできないと思いがちですが、そんなことはありません。できることは必ずありますし、できることから始めればいい。活動をしているうちに、小さな力でも社会にインパクトを与えることができる「レバレッジポイント」を見つけることができるかもしれません。また志のあるところには仲間も集まってきます。仲間ともつながりながら、少しでも世の中を良い方向に変えていくことに貢献できたら、幸せだと思います。

●ママ友とのランチより、社会に役立つことのほうがワクワクした

守屋三枝さん（case14）は、現在70歳。社会保険労務士として個人事務所を構え、現役で活躍されています。「社労士は企業と働く人の最良の接点を探すお手伝いができる、私の天職」と語る守屋さんですが、社労士を知ったのは40歳をすぎてから。それまでは、３人の子どもの子育てと親の介護に忙しい日々を送る専業主婦でした。

守屋さんは、子どものころから、将来は結婚して子どもを育てることしか考えていませんでした。けれども末の子が幼稚園に入園したころ、急に脱力感に襲われます。いわゆる中年の危機。朝起きても、力が入らない、何もやる気が出ない。そして「いままで、良い娘、良い妻、良い嫁、良い母と、ずっと誰かのために生きてきたけれど、これからは自分を中心に生きてもよいのでは？」と思ったのです。

けれどもやりたいことがわかりません。それまでママ友と食事に行ったり、洋裁をしたりしたけれど、すごく楽しかったわけでもなかったのです。そんなある日、新聞記事でタイ人留学生が物価高の日本で苦労している話を読み、いてもたってもいられなくなってすぐにコンタクトをとり、その留学生の生活を支援したことを思い出しました。８年前のことでしたが、このときの充実感から守屋さんは自分の志向に気づくのです。自分はママ友とランチをするより、人にかかわり、人に役立つことで満たされるのだと。

脱力していた守屋さんにエンジンがかかります。子育てや介護もあるので家できて、何か社会に役立つこと、人とかかわる仕事で生涯現役で働き続けたい……。さまざまな状況を勘案し、資格の本から発見したのが社労士でした。早速、通信講座で勉強を始めましたが、毎月テキストが送られてくるのが待ち遠しかったといいます。こうして43歳で社労士を開業。その後、自分の強みをつくるために、48歳でキャリアカウンセラー資格取得にも挑戦しました。「40代から50代の学びや種まきが、60代の仕事につながる。10年後の自分をつくるのはいまの自分。年金と同じでいま積み立てておかないと60代になって受け取れない」という言葉には説得力がありました。

●ジェンダーギャップ指数をなんとかしなきゃと、NPOを立ち上げ

「日本のジェンダーギャップ指数は149か国中110位、G7で最下位」。永井裕美子さん（case15）は、世界経済フォーラムが2018年秋に発表したこのランキングに愕然《がくぜん》として、日本の将来に不安を感じました。そしてなんとかしなければと仲間とともに女性のリーダーシップ開発を支援するNPOを立ち上げます。60歳のときです。

永井さんは、均等法が施行になる5年前に、女性営業職を採用していた大手OA機器メーカーに入社しました。女性であることにハンデを感じることもありましたが、営業成果をあげることで周囲の評価も変わり、どんどん仕事が面白くなります。30歳

で社内留学制度に応募して米国で人事について学び、40歳でグローバル企業に、45歳でフランス企業に転職。異なる文化の中で人事のプロとしてさまざまなことを学んだといいます。

一方で学生時代から民間ボランティア団体の活動に参加するなど社会的課題への関心が高く、50歳でビジネスの世界を卒業し、ソーシャルセクターに転じるというライフプランを立てていました。ビジネスで培った経験を社会課題の解決に役立てたいと考えたからです。プラン通り50歳でフランス企業を退職、いざソーシャルセクターへとシフトしますが、いきなり挫折《ざせつ》を味わいます。ミャンマーの子どもたちの教育支援のために現地入りしますが、永井さんの持つ経験は「大企業」「外資系」という小さな世界でのものにすぎず、「利益」という明確な指標がないNPOで、いろいろな考えを持つ人を巻き込んで活動を進めていくには力不足だったのです。

わずか1か月で「50歳でソーシャルセクターへ」という夢をあきらめ、再び米国企業に入社。4年間務めたのちに、企業のCSR活動を支援する団体に所属する形でソーシャルセクターに再挑戦をします。そんな紆余曲折を経てたどり着いたのが「ジェンダーギャップの解消」というテーマだったのです。

永井さんが立ち上げたNPOの名前はポテンシア。ラテン語で「可能性」という意味です。すべての人にはさまざまな能力や可能性があり、それを最大限に発揮できる社会にしたいという思いが込められています。学生時代のボランティアも、民間企業での人事の仕事でも根底にはその思いがあり、すべてがつながって、60歳にして「人生の目標」に出合ったといいます。現在は民間企業の顧問やＮＰＯのアドバイザーなども務めながら、女性が内なるリーダーシップを開花させるために、つながりと学ぶ場を提供する活動をしています。

【アプローチ6】住んでみたい場所から考える

これまでの私たちの住まい選びは、「仕事のある場所」に縛られてきましたが、「雇われる働き方」を卒業するのであれば、もっと自由な発想で住まいを選べるようになります。リモートワークの普及もそれに拍車をかけていますよね。まず住みたい場所を考えて、そこでどんな仕事ができるのかを考えてもいいのです。

さあ、皆さんはどこに住んでみたいですか？　選択肢は日本のみならず、海外にも広がっています。移住先の物価や生活コストを考えれば、稼ぐべき収入はもっと少なくていいかもしれません。あなたの持っているスキルや経験は、いまいる場所では当たり前でも、移住先ではとても価値があるかもしれません。

人生は自分の意思でここまで大きく変えることができるのだと実感させてくれる先

輩たちのライフシフト事例も参考に、夢を膨らませてみましょう。

●ニュージーランドで暮らしたい！　そのために外国人向け和食教室を起業

「ニュージーランドに移住したい」。富永紀子さん（case16）がその夢を抱いたのは、14年前。夫婦でニュージーランドを旅したときに、50代夫婦が営む1日1組限定のロッジに宿泊し、その温かい家庭料理のもてなしと、地元の人との触れ合いに感激したことがきっかけでした。

当時、富永さんは39歳。夫の多賀志さんは45歳。ともに忙しく働く会社員でした。何かを達成するのに十分な時間として、「10年後には移住する」と決めた2人ですが、どうすれば移住できるのか、全く見当がつきませんでした。夕食時がブレストタイムで、「日本の文化を紹介したいから旅館をしようか」「うどん屋を開こうか」などと話していたものの、決め手に欠ける日々。その後子どもにも恵まれ、ますます日常は忙しくなっていきます。

悩み続けて6年。転機となったのが、多賀志さんの転勤でした。東北に単身赴任となり、2歳の息子のサポートのために、義母との同居を始めたのです。その義母の作る和食の優しい味に触れ、富永さんは「これだ！」と心が躍ります。日本の温かく伝統にあふれた家庭の味を世界に広めよう、まずは日本在住の外国人向け料理教室から始めようと方針が固まりました。

早速、義母に料理を習おうとしたら分量はすべて「適当」。これでは外国人にはわからないと必死でレシピに落とし込みます。料理教室のリサーチもして、まずは週末起業という形で、自宅で外国人向け料理教室「わしょクック」を開始します。

本業に支障が出ないように、「わしょクック」にかける時間は平日5時間（通勤往復3時間＋ランチタイム1時間＋夜1時間）と週末だけと決めて、2年半。徐々に手ごたえを感じて、富永さんは会社を退職します。47歳のときです。安定収入を得られるか不安はありましたが、多賀志さんがまだ会社員を続けているし、もしダメだったらまた会社員に戻ればいいと考えて挑戦することにします。

専念してみると、好きなことを仕事にできる楽しさを実感。息子との時間も増えました。信用も高まり、教室運営や認定講師育成だけでなく、法人研修なども受注できるようになりいいことばかり。訪日観光客も増え、事業は順調に成長。翌年には多賀志さんも早期退職して加わります。

その後、コロナ禍という逆風が吹きましたが、オンライン教室に切り替えることで乗り越え、いまでは世界で110人の認定講師が活躍しています。力強い事業基盤をつくって、そのすべてをもって昨年、ニュージーランドに会社を設立。ついに今年、家族全員でのニュージーランド移住を果たしました。

当初の計画よりも4年遅れましたが、夢は叶《かな》うという勇気がもらえる富永ファミリーのライフシフト。副業から始め、軌道に乗ってから本業にする、さらに事業が育ってから家族がジョインするというプロセスも参考になります。

●田舎暮らしをしたくて移住した先で、やりたいことに出合った

東京の銀座から徒歩15分のベイエリアにマンションを購入し都会暮らしを満喫していた手塚貴子さん（case17）が、新潟市の岩室《いわむろ》温泉に移住したのは53歳のときです。

大学卒業後に中堅専門商社を経て広告代理店で働いた手塚さん。終電まで忙しく働いたものの、出世するのは男性ばかりでキャリアの展望が描けず、30代後半で退職。それまでの経験を活かして企画マーケティング系の会社を立ち上げます。依頼された仕事はほとんど引き受け、業績は年々伸びていき、当時は「夢が叶った」と思っていました。

心が騒ぎ出したのは50歳という年齢が近づいてきたころ。結婚もせず、子どももいない自分は何のために生きているのか、自分がいなくなっても誰も困らない、このままでいいのかと後半人生について悩み始めたのです。もし生まれ変わったら何をしたいのかと考えて思い浮かんだのはテニス選手と学校の先生。テニス選手はいまさら無理だけど、先生ならなれるかもと思い、働きながら大学院で学び、講師の仕事に応募

しましたが、残念ながら道は開けず。

　そんな頃、喉《のど》から手が出るほどやりたかった大型プロジェクトを受注したものの、クライアントともめてしまいます。そのとき、「自分はマンションのローン返済と老後資金のために必死で働いている。これは自分の人生を捨てているということ」。そう思ったのです。いまこの瞬間、一番やりたいことは何だろう。自問した答えが「田舎暮らし」でした。

　思い浮かんだのが取材で訪ねた岩室温泉。いつかこんなところで暮らしたいとプライベートでも何度か訪れていました。それから3年ぐらい、移住のタイミングを探っていましたが、「いつか」は待っていてもこない。仕事はリモートでできそうだし、新潟なら東京の駐車場代でアパートが借りられる。であればいま動こうと2拠点生活を始め、その2年後に完全移住を果たします。

　東京時代と同じ仕事を続けつつ、田舎暮らしを楽しもう、まずは自分の食べるものぐらいは自分で作ろうと米作りにも挑戦します。そこで手塚さんは農業の大変さを思い知ることになります。日照不足や台風、終わりなき雑草との闘い。都会の人は農家の人のこんな苦労も知らず、食べ物を口にしている。「作る人」と「食べる人」をつなぐ仕事をしたい。そんな志が芽生え、食べ物付き情報誌「旅する食べる通信」を発行することを決意します。

それから10年。現在の手塚さんは、「旅する食べる通信」の新しいカタチを模索しつつ、新潟の柿を使ったソースの開発や、新潟県地域プランナーとして活躍中です。夢だった先生の仕事も、群馬県にある大学の非常勤講師という形で実現しました。移住から始まったライフシフトによって、手塚さんは次から次へとやりたいことが湧き出るようになりました。もうしばらく、お気に入りの新潟を拠点に活動しようと思っているそうです。

【アプローチ7】家族や気の合う仲間と働く

60歳からの小さな仕事は、基本はひとり起業。誰かを雇ってお給料の支払いに苦慮したりせず、自分ひとりでできる範囲でのびのびと働くことが理想です。けれども、夫婦で、あるいは気の合う仲間と一緒に仕事を立ち上げるのも楽しそうです。

特に夫婦は利害関係の一致したもっとも信頼できるパートナー。一緒に仕事を立ち上げることができれば心強いですし、絆《きずな》も深まります。一緒に何かできないか、一度じっくり話し合ってみるだけでも価値がありそうです。アプローチ6でご紹介した富永紀子さん（Cace16）も、夫婦で夢を語り合うところが出発点でした。共倒れにならないように、一方が先に事業を始めて、軌道に乗ってからもう一方が事業に参加するという進め方も参考になります。

気の合う仲間での起業は、自分だけではできない価値を生み出せる、気軽に相談し合えるといったメリットはありますが、難しさもあります。よく言われるのは、役割分担や報酬の分配の納得感、意思決定のスピードなど。ライフシフト・ジャパンも気の合う仲間との起業ということになりますが、コアメンバー3人の得意分野が異なるところ、リクルート時代からの率直な意見交換ができる関係性、それぞれがやりたいことをリスペクトしあっているところなどが、いまのところうまくいっているポイントかもしれません。

いずれにしても、何をするかも大事ですが、誰とするのかも大事です。せっかく悩ましい人間関係がつきものの「雇われる働き方」を卒業するのですから、本当に一緒に働きたい人と働けるといいですよね。

●会社の先輩・後輩で花屋を起業。お互いの得意分野を活かす

東京都大田《おおた》区の住宅街にある小さな花屋さん「NIKO FLOWERS＋」を経営するのは、企業系診療所で先輩、後輩の関係だった和久井純子さんと、江澤佑己子さん（Case18）です。

開業する際には「女性2人の共同経営は難しい、止めたほうがいい」と多くの人に心配されたそうですが、開業して10年、事業は順調で、地元で花のある日常を提案するだけでなく、ブライダルやガーデンづくりなどにも仕事は広がっています。

もともと和久井さんは薬剤師。小さいころから生き物や生命に興味があり、白衣を着て働くことが夢でした。実際に薬学部に進学し、企業系診療所に就職します。5年後に事務職として入社した江澤さんは、小さいころからもの作りが好きで、いつか関連した仕事で独立したいと考えていて、ことあるごとに尊敬する先輩、和久井さんに相談していたという関係です。

江澤さんがあれこれ迷った末に「花の道でいこう」と決めて、会社を辞めて修業のために花屋に転職したのは28歳のとき。好きな道を見つけて頑張る江澤さんに刺激を受けた和久井さんは、35歳を過ぎた頃から自分はこのままでいいのかと心が騒ぎ始めます。「夢は叶ったはずだけど、自分の人生でやり残したことはないのか」と考えた和久井さんがたどり着いたのは「英語を話せるようになりたい」という思いでした。アメリカで生まれたものの3歳で帰国したので、4つ上の姉のように英語が得意ではなかったのです。そこで会社を辞めて1年間だけ、語学留学をすることを決めます。1年の間に、自分の将来を決める何かに出会えるかもしれない、そんな気持ちでした。

すると今度は江澤さんが和久井さんに刺激を受けて、自分も留学してみようと考えます。憧れの先輩が選んだ「自分探しの旅」。自分も海外で視野を広げ、どんな店をやりたいのかを見つけたいと思ったのです。こうして2人は、同じ時期にカナダに留学することになりました。江澤さんはワーキングホリデーでウィスラーという自然豊かな美しい町の花屋さんで働くことになります。和久井さんはバンクーバーの語学学校が始まる前に「姉心」で江澤さんを訪ねたのですが、オーナーのご厚意で和久井さんもその店で2か月間だけボランティアで働くことになります。

2人にとって一緒に働いたこの2か月は大きなものでした。江澤さんは花が日常にある暮らしの中で、やりたい店のイメージが膨らみました。和久井さんは花の仕事ははじめてでしたが、お客様とのコミュニケーションが楽しく、植物が持つ力にも感激して、世の中にこんな素晴らしい仕事があったんだと、どんどん花の世界にのめりこんでいったのです。1年後に2人で帰国する際には、「2人で花屋を起業する。カナダで体験した花のある日常生活を届けたい」という目標をしっかりと携えていました。

こうして2人は共同経営者として起業。花束などのデザイン的な部分は江澤さん、経理や管理方法の知識が細かい園芸関係は和久井さんというように、それぞれの得意分野を活かして相乗効果を出せるようになっていきます。もう先輩後輩ではなく共同経営者なので、信じられないような喧嘩《けんか》もするそうですが、「花のある日常を届けたい」というビジョンがあるのですぐにケロッとして仕事に戻るそう。共通のビジョン、なんでも話せる関係性、異なる得意分野、そしてお互いへのリスペクト。このあたりがそろえば、仲間との起業はとても楽しそうです。

【アプローチ8】とにかく動く、何かを始める

最後に紹介するアプローチ法は、とにかく動くというシンプルなものです。これまで7つのアプローチ法を紹介してきましたが、頭の中であれこれ考えていてもよくわからないという人もいると思います。そんなときは動くに限ります。何かやってみる。何かやってみて、自分が感じたことを頼りに、方向性を探っていくのです。動くことでいろいろな出会いがあり、情報も入ってきます。

これまで紹介してきたライフシフターの皆さんも、最初の一歩はとても小さなものでした。仕事になるかどうかなど考えずに、興味の赴くままに動いた結果がいまにつながっていたり、偶然の出来事をうまく活かしていったり。

「キャリアの8割は偶然の出来事で決まる」というのは、アメリカの心理学者ジョン・D・クランボルツが提唱した理論です（プランドハップンスタンス理論）。数多くのライフシフターにインタビューをしていると、まさにその通りと感じます。そして偶然の出来事に出合うためには行動範囲を広げる、意識的に新しい行動をとることが有効なのだと思います。

明日から何か1つ、新しいことをやってみましょう。興味を持ったことを調べてみる、気になる人に会いに行く、日記をつけはじめる、朝30分早く起きて散歩を始める……そんな小さな一歩でOKです。「旅」を企画するのもよいアイデア。『LIFE SHIFT』著者のリンダ・グラットンも定期的に旅をして視野を広げ、自分を探究することを勧めています。自分との出会いを求めて、前から行ってみたかった場所へのひとり旅、いかがですか？

●チュニジアへの旅で、キリムに出合い、輸入販売業で起業

佐藤恵理さん（case19）も旅がきっかけで、やりたいことを見つけたひとりです。佐藤さんは51歳の6月にチュニジアを旅し、美しいチュニジアキリムに魅せられ、半年後には会社を辞めてキリムを輸入販売する「Lone Toujane（ローヌ トゥジェン）」を立ち上げてしまいました。

そう聞くと、かなりパワフルな人というイメージを持つかもしれませんが、実はそれまでの佐藤さんは心身ともに不調で、「今日一日を生きるのに精一杯」という状況でした。第2子出産後、子育ての難しさに深刻なうつ状態になってしまい、40歳のときにパート事務職として社会復帰の一歩を踏み出したものの状況は改善していなかったのです。

転機は51歳の春、甲状腺《こうじょうせん》がんを発症したこと。入院してひとり病室の天井を見つめて思ったことは、「人間死ぬときはひとり。あのときトライしておけばよかったという後悔は残したくない」ということでした。

がんを乗り越えた佐藤さんは、その3か月後の6月、行きたかったチュニジア南部を旅します。そして旅の最終日に、旅の間お世話になった運転手さんが、家族が作ったというキリムをプレゼントしてくれたのです。手荷物として帰りの飛行機の中に持ち込んでじっくり眺めながら、色鮮やかなチュニジアキリムに魅了されていきました。「まだ知られていないチュニジアキリムを日本に紹介しよう!」。機内で佐藤さんはそう決意します。とはいえ当時は言葉も話せず、商売も未経験。帰国後、「何か得られるかも」と思い、ガイドブックから情報を得た兵庫のチュニジア雑貨店「ダール・ヤスミン」へ東京から3時間かけて足を運んだところ、その店頭には偶然にもガイドブックの著者で店の経営者でもある道上朋子さんが、本拠地チュニジアから戻ってきていました。

佐藤さんのライフシフトはここから一気に進みます。秋には事務職を退職し、長期滞在を可能にしてチュニジアへ渡り、道上さんとの協働を開始。12月には何のスキルも知識もないままパソコンを買うところから始めて、チュニジアキリムを販売するWEBショップを立ち上げたのです。

それから10年、佐藤さんはチュニジアと日本を往復しながら、キリムの輸入販売・製品開発のみならず、織り手である女性たちやその子どもたちの支援など、チュニジア全体の振興に寄与する社会起業家として奮闘中です。

佐藤さんは、まさしく自分らしい悔いのない人生を歩んでいます。夫や子どもたちも、不安定だった母親の突然の子離れ、そして未知の世界への挑戦に驚きながらも応援してくれているそうです。それにしても「キリム」に出合った後の佐藤さんは別人のようにパワフル。好きを仕事にする素晴らしさを感じます。

●心のままに素直に動いた結果、たどり着いたのが「農業」だった

大学で福祉を学び医療介護業界で活躍してきた清水雅大さん（case20）が、農業へとライフシフトしたのは46歳のとき。2か月間、自分の心のままに動いた結果の選択でした。

当時、清水さんは在宅医療の分野で大きなプロジェクトを成功させ、燃え尽き症候群になっていました。会社を3か月休職して、この先どうしたらいいのか悩む日々。1か月ほどは何も動けませんでしたが、やがてこれまで自分は「社会のため」「誰かのため」と常に他者のために生きてきたということに気づきます。「これからはもっと我がままに、自分のために生きよう」。清水さんはそう決めたのです。

けれども自分軸で物事を考えたことがないので頭は真っ白。そこで頭で考えるのはやめて、心のままに素直に動いてみることにします。例えば「自転車に乗ってひとりで出かける」「普段は読まないジャンルの本を読む」といった日常の小さなことから始めました。やがて「料理が好きだからお店をやろうかな」と開業セミナーに参加したり、料理教室に行ってみたりもしました。まるで旅をするように、いろいろなところに行き、いろいろな人に会いました。動けば、そのつど気づきがあったといいます。例えば、自分は料理が好きなわけではなく、料理をしている時間や空間、仲間との空気が好きなんだということ。だから厨房《ちゅうぼう》でひとりで黙々とラーメンを作るのは無理そうだということ。

料理、健康。そんなキーワードで動きながら、やがて農業はどうだろうと考えるようになります。オンラインセミナーに出たり、マルシェに足を運んだりしていろいろ調べてみると、農業は変革期にあり、実際に新しいチャレンジをしている若者も登場していました。そのうちのひとりを訪ねていき、体験農園に週2日参加。実際に身体を動かしてみると、心が解《ほど》かれていくような気持ち良い感覚を味わうことができました。

3か月の休職期間が終わるころには、農業をやってみたいという思いが強くなっていましたが、まだ踏ん切りがつかずいったん半農半会社員という形で復職。週3日会社員、週4日農業という生活を続ける中で、自分のやりたいことは「農を通じて人を、街を、社会を元気にする」ということだと言語化できました。ここまでくると不安よりもワクワク感が高まり、半年後にはついに会社を退職。農家へのライフシフトを実現します。

すべては心のままに動いたことが出発点。小さな一歩が未来をつくっていくことを教えてくれるライフシフト事例です。

【おまけ】ChatGPTに聞いてみる

最後におまけで1つ。やりたいことをChatGPTに聞いてみるというのはいかがでしょうか。これは起業家で経営学者の斉藤徹さんが最新刊『小さくはじめよう』（ディスカヴァー　トゥエンティワン）の中で紹介している方法。ライフシフト・ジャパン主催のトークイベントでもご披露いただき、参加者からも好評でした。詳しくは斉藤さんの著作を読んでいただければと思いますが、「ChatGPTは何度聞いても嫌がらず、指示した分だけそれなりの答えを返してくれる物知り秘書。事業アイデアを考えたり、磨いていく上での頼もしい壁打ちの相手」というのは、なるほど！　と思いました。

早速、私も斉藤さんがトークイベントで教えてくれたプロンプト（指示文）を参考に、以下の指示をChatGPTに出してみました。

プロンプト①：私は以下の志向（好み）・経験を持っています。どんな起業アイデアがあるか教えて。志向（好み）：企画を考えるのが好き、ものづくりが好き、インテリアが好き、人に喜ばれることが好き。経験：雑誌の編集、マーケティング、ライフデザインの研究、新規事業の開発。

数秒で出てきた事業アイデアは以下の5つでした。

1　カスタムインテリアデザイン・コンサルティングサービス
2　ライフデザイン×インテリアのオンラインメディア
3　エクスペリエンス・デザインスタジオ
4　オリジナル雑貨ブランドの立ち上げ
5　新規事業開発コンサルティング

それぞれに事業概要と収益モデルが書かれていて、最後には「これらのアイデアは、あなたの好みや経験に基づいており、成功の可能性が高いものです。どれも、創造力とビジネスの知識を活かせるフィールドであり、あなたの強みを最大限に引き出すことができます」との言葉が。なんだか勇気づけられたような感覚もあり、感心しました。提案されたものの中からワクワクしたものをさらに深掘りしていってもよさそうです。

そのほかにも、私がやってみて面白い回答が得られたプロンプトを紹介します。

プロンプト②：私が人生の中で一番ワクワクした体験は、〇〇です。ワクワクした理由は△△や◎◎などです。このワクワク感が得られる起業テーマを5つ考えて。

プロンプト③：私は「ライフデザインの研究」「ビジネス系スキルを活かした経営支援」「インテリアコーディネート」の3つの仕事をしています。私にふさわしい肩書と会社名を考えて。

やりたいことを見つけるというよりも、見つけたテーマを事業として成立させるうえでの市場調査などのほうがより効果的かもしれませんが、ひとりでもんもんと悩んでしまったときには、ＣｈａｔＧＰＴと対話してみても良いと思います。

やりたいことを仕事にするためのステップ

複数の仕事を組み合わせる、年齢とともに変化させる

さて、8つのアプローチ（＋おまけ）、いかがだったでしょうか。先輩たちの事例も参考にしながら、ぼんやりとでもやりたいことが見えてきたでしょうか。やりたいことは1つでなくてもいいという話を何度かしています。またここでは「できることよりワクワクすること」を仕事にすることを提案していますが、「できること」を捨ててしまう必要はありません。まずは「できること」で確実に収入を得ながら、徐々にワクワクすることにシフトしていくというのも賢いライフシフト術です。

生涯現役を目指して57歳で会社員を卒業した大杉潤さん（case21）も、「できる仕事」と「好きな仕事」を組み合わせています。銀行員としての26年の経験と、他業種での人事・経営企画の経験を持つ大杉さんの「できる仕事」は、経営コンサルティングと企業研修講師。「好きな仕事」は執筆業です。実は大杉さん、学生時代の夢は新聞記者になることでした。大学で準備もしていましたが、面接の練習に行った銀行で

内定が出てしまいそのまま入行したという経緯もあり、ずっと執筆業に憧れがありました。また趣味がビジネス書を読むことで年間300冊、40年間で1万2000冊を読んできています。その経験を活かし、独立を機についにビジネス書作家としてデビューをはたしたのです。

そして今後は徐々に作家活動にシフトしていくことを考えています。大杉さんは、著書『定年後不安　人生100年時代の生き方』（角川新書）の中で、生涯現役で働くために「トリプルキャリア」という戦略を提唱しています。会社員時代が「ファーストキャリア」、雇われない働き方を実現したいまが「セカンドキャリア」。好きな仕事を好きな仲間と自由にする理想の働き方をするのが「サードキャリア」。コンサルティング業を通じて出会った企業経営者を見ていると、体力的に衰えてくる70〜80代で働き方を変える人が多いそうです。大杉さん自身は、70歳になったら「サードキャリア」として、大好きなハワイに移住して、執筆業に絞って働くのが目標とのこと。まだ時間はたっぷりあるので、できることから準備を始めていると話しています。

52歳で会社を退職した三浦陽一さん（case2）も、最初は商社時代の経験が活かせるイタリア靴の輸入エージェントで起業しました。そして11年後の63歳のときに、イタリアに関する情報発信がきっかけとなって念願だった書籍を出版します。さらに10年後の73歳でイタリア語の通訳案内士資格を取得し、インバウンド向けの通訳ガイドへと仕事の幅を広げました。輸入業は海外へ頻繁に買い付けに行く必要がありますが、いずれ体力的に海外出張が辛くなっても、新たな仕事が育っているので、生涯現役で働いていけそうと話しています。

大杉さんが言う通り、時間はたっぷりあります。「やりたいこと」も10年も取り組めば、「できる仕事」になっていることでしょう。また新たに「やりたいこと」が生まれているかもしれません。私たちは変化の時代を生きていて、社会も私たち自身も変化していきます。この先10年ぐらいを考えてやりたいことをやり、また10年後に考える。それぐらいの目標設定がちょうどいいのかもしれません。

学ぶことが持つ5つの機能を活用する

やりたいことが見えてきたら、次は「必要なことを学ぶ」というプロセスに入っていきます。やりたいことを見つけた先輩たちは、実にパワフルに学んでいましたよね。また先輩たちの経験から、学ぶことには多面的な機能があることに気づいたかと思います。ここで改めてその機能を5つに整理しておきます。これから学びを始めるときに、意識しておくとよいと思います。

1 **適性の判断**／必要なスキルや資格はスクールに通ったり、通信教育で学んだり、あるいは関連業界でアルバイトをしたりして学んでいきますが、学びながら、自分は本当にこの分野が好きなのか、やっていけそうなのかを判断していくことになります。これはとても重要な機能で、学んでみたけれどやっぱり違ったということもあり、それもまた学んでみなければわからない大きな学びといえます。

2 **事業性の判断**／起業に必要なビジネスモデルの構築や事業計画の立て方、資金繰りなどは自治体などが主催する「創業支援講座」に参加することで学べます。こうした講座では、自分が考えている事業を題材にして学ぶので、目標とする収益をあげることができるのか、事業性の判断や課題も明確になっていきます。講師や受講生仲間を「壁打ち相手」としてフル活用し、いろいろなアイデアをもらい、ビジネスモデルをブラッシュアップしましょう。

3 **仲間や支援者との出会い**／スキルを学ぶ、各種セミナーに参加するというプロセスの中で、同じ志を持つ仲間や起業の先輩、業界知識や人脈を提供してくれる支援者、事業運営上欠かせない専門家と出会うことができます。

4 **周囲の理解を得る材料**／家族などの反対に対し、真剣に学ぶ姿と学んだ成果（事業計画や作品など）が説得材料となります。本気度が伝わると、反対していた家族も応援してくれるようになるものです。

5　できるという自信／学ぶことによって得られるもっとも価値あることは、「できるという自信」を得ることです。スキルも身につけ、事業計画もできた。なんとかなる、やってみようと思えること。まずはそこが学びのゴールです。
もちろん事業スタート後も学びは続いていきますが。

副業から始める、ＳＮＳを活用する

やりたいことが見つかって、必要なことを学んで、いよいよ起業となったとき、いきなり会社を辞めるのではなく、副業から始めることができれば安心です。副業ＯＫの方はぜひ挑戦を始めてみてください。

とはいえ忙しくって、という言葉はＮＧです。外国人向け料理教室を始めた富永紀子さん（case16）も本業でかなりハードに働きながら、平日5時間（通勤往復3時間＋ランチタイム1時間＋夜1時間）という時間を捻出《ねんしゅつ》していました。平日5時間というのはそれなりの時間数。それを2年半続けたおかげでしっかりと手ごたえをつかんで、スムーズに本業へとシフトすることができました。

事業をスタートする前に、ＳＮＳでの発信を始めるのも良い方法です。ＳＮＳがここまで発達してきたからこそ、私たちは小さな仕事を成立させやすくなりました。点で存在する少しニッチなターゲットにも活動を知ってもらえるようになったからです。SNSは小さな仕事を成立させていく上で欠かせないツール。いまのうちから発信を始めて顧客予備軍をつくっておくと、チャンスも広がっていきます。

50歳のときにスープ作家として活動を始めた有賀薫さん（case22）も、最初の一歩はSNSへの投稿でした。当時大学生だった息子の寝起きが悪く、美味しいスープをつくれば気持ちよく起きてくれるのではと思って始めた毎朝のスープづくり。仕事にするつもりはなかったものの、記録のためにSNSに投稿していました。だんだんと「美味しそう」「作り方を教えてほしい」といったコメントが入るようになり、それが励みとなって続けることができたといいます。そして投稿を始めて1年後、活動の記録を発表するために「スープカレンダー展」を開催。これが好評で、取材やレシピを書いてほしいといった依頼が舞い込むようになります。それまでフリーのライターとして25年以上活動してきましたが、記名記事はほとんどありませんでした。「有賀薫という自分を表現できてニーズもある」と考え、スープ作家として活動を始める決断をしました。現在は書籍を15冊出版、レシピやエッセイを発表したり、日本各地のスープを訪ねる旅を動画にするなど、活動の場を広げています。SNSに投稿をしなければ実現しなかったライフシフトです。

会社員時代の経験は必ず生きる

さてここまで、全く未経験の分野で小さな仕事を立ち上げる方法について、もっとも難しい「やりたいことの見つけ方」にフォーカスして考えてきました。「やりたいこと」さえ見つかれば、世の中には起業したい人を支援するサービスはたくさんあるので、あとはなんとかなるというのが私の研究の成果でもあるからです。

けれども実際に事業を立ち上げて、続けていくにはもちろん苦労があります。自分で事業をするということは、会社員時代のように、毎月決まったお給料がもらえるわけではなく、これまで会社の専門部署がやってくれていた税金の申告やクレーム対応などもすべて自分でしなければいけません。お客様のニーズに応えていくためには継続的な学びと努力が必要です。

ただ安心してください。先輩たちは口々に「会社員時代の経験がなにかと役立っている」と言っています。経理や事務処理、営業やマーケティングの経験は、未経験の分野の起業でも十分に活かせるという声が多いですが、児玉奈緒子さん（case8）は、「個人事業主は後ろ盾がないから、お客様や仕入れ先との信頼関係がすべて。約束を守る、トラブルが起きたら誠実に対応するといった会社員として毎日当たり前にやってきたことの大切さを実感します」と話してくれました。

　また日本におけるバリアフリー建築の先駆者で、80歳のいまも現役の建築家として活躍している吉田紗栄子さん（case23）は「私が続けてこられた理由は、なんでもできる人じゃなかったから。なんでもできる人は自分で抱え込んじゃうけど、私はそうじゃないから人に頼むのが得意。大工さん、左官屋さんなどそれぞれのいいところを見つけてチームでやってきました。だから困ったことがあったら必ず助けてくれる人が現れたんです」と話しています。

　児玉さんが言う通り、私たちには仕事をしていく上でもっとも大切な基礎力がちゃんと備わっています。なんてったって、30年近くも働いてきているわけですから。しかもこれからは「自分の好きな仕事」をやっていくので、努力も苦にならないはずです。そして吉田さんが言う通り何もかもひとりでやる必要はありません。上手に周りの力を借りていけばいいのです。ですから自信を持って「雇われない働き方」にチャレンジしてほしいと思います。まずはできることから、少しずつ、準備を始めてください。私もまだ道半ば。一緒に自分らしい「小さな仕事」を育てていきましょう。

第四章

60歳からの暮らし

健康、家族、住まい、つながり

健康のために大切なこと

健康寿命を延ばす3原則

第三章では、自分らしい小さな仕事の作り方を考えましたが、60歳からの豊かな人生をつくっていくうえで、仕事はその一部。第四章では暮らし全般にわたって、気になること、知っておきたいことをまとめていきます。私は各分野の専門家ではありませんが、たくさんのライフシフターや専門家にインタビューをしたり、ライフシフト・ジャパンの仲間（ライフシフト・パートナー）とやっている「Good Over 60's女性たちのライフシフト研究会」で議論する中で、私自身が学びになったこと、取り入れていること、やっていてよかったと思うことを中心にシェアしていきたいと思います。

まずは人生100年時代を楽しむベース、健康対策についてです。第一章で、私たちの健康寿命はどんどん延びていて、95歳ぐらいまでは自立して暮らしていけるはずというお話をしましたが、もちろん個人差もあります。ではその個人差はどこで生まれているのでしょうか。健康寿命を延ばすためにすべきことを考えていきましょう。

国が２０００年から進めている「健康日本21」という取り組みがあります。健康課題にかかわる具体的な目標値を設定し、十分な情報提供を行い、健康寿命の延伸などを推進する運動です。２０２４年から第三次がスタートしていますが、この中ではじめて女性を対象とした目標が盛り込まれました。女性のほうが健康寿命と平均寿命の差が大きいことなどがその理由のようです。

この目標をみていると、私たちが日常的に取り組むべき3原則は、バランスのよい食生活、適度な運動、良質な休養・睡眠だということがわかります。まず食事については、主食･主菜･副菜を組み合わせた食事を1日2回以上とる、野菜や果物の摂取量を増やす、塩分摂取量を減らすといった数値目標が設定されています。それほど難しい目標ではなく、女性の場合、すでに気を付けている人が多いように思います。これまでインタビューしてきた先輩たちも「食事は命にかかわるので子育て中も手を抜かずに取り組んできた。現在も毎日30品目を食べることを心がけている」とか「空腹が一番のクスリなので16時間断食をやっている」など、自分の体質にあわせていろいろな工夫をしていました。

私も刺激を受けて、50代半ばのときに専門家に1か月の食事の記録をみてもらい、改めて「食べる技術」を学びました。その結果、我が家の「食べ方の癖」と不足しがちな食品がわかり、いまは毎食「まごわやさしい」を実践しています。「まごわやさしい」は食品研究家で医学博士の吉村裕之《よしむらひろゆき》さんが提唱した食事法で、毎食とりたい7品目の頭文字をとったもの。「ま」はまめ類（大豆など）、「ご」はごまなどの種実類、「わ」はわかめなどの海藻類、「や」は野菜、「さ」は魚介類（魚や海老《えび》など）、「し」はきのこ類（しいたけなど）、「い」はいも類です。世の中にはいろいろな健康情報がありますが、この食事法は覚えやすいところが私にあっています。皆さんも良かったら取り入れてみてください。

食生活関連ではもう1点、生活習慣病のリスクが高まる量のアルコールを摂取している女性の比率を下げるという目標が設定されています。その量とは、1日20g。500mlのビールだと1缶、ワインだとグラス2杯弱という分量です。体格やホルモンによる違いから男性の半分の量で、お酒が強い女性からしたら「えっ」と思う少なさですよね。もちろん個人差があるし、好きなお酒を我慢することが生活の質を下げてストレスになるようだったら意味がないので、それぞれにお気を付けください。

多くの女性は運動不足。1日6000歩を歩こう

続いて適度な運動についてですが、データをみると女性は運動不足という課題があるようです。例えば日常生活における歩数目標は、65歳以上の場合6000歩ですが、

女性の現状は4656歩（男性5396歩）。運動習慣者（1日30分以上の運動を週2回以上実施、1年以上継続）も少なく、女性は33・9％（男性41・9％）です。運動不足は、身体機能の低下のみならず、認知機能の低下や生活習慣病の発症リスクを高めることにつながるので、いまのうちから運動習慣を取り入れておくべきだといえそうです。

元気な70代、80代、90代の女性の話を聞いていると、皆さんちゃんと適度な運動をしています。第二章でもご紹介した私のメンター、松永真理さんは60代でヨガを始めたおかげで、70歳になったいまが人生の中で一番調子がいいと言っています。90歳になる私の母も、長年、毎朝ラジオ体操をしてから、30分ぐらい近所を散歩しています。いまもスタスタと歩いていて本当に元気です。

私の場合は、40歳を機に走り始めて、いまも続けています。続いている理由は手軽だから。必要なものはシューズだけだし、好きなときにひとりでできます。家を一歩出たところからスタートできて効率的。季節の変化を感じながら走っている時間は自分と対話できる貴重な時間になっています。これから何か始めてみたいなという方にはお勧めです。

加えて我が家では、昨年から犬を飼い始めたので、散歩も新しい習慣となりました。犬がいれば散歩に行かざるを得ないので、運動が億劫《おっくう》という人にはとてもよい解決策かもしれません。参考までに、犬を飼っている高齢者は飼っていない人と比べて認知症の発症リスクが４割低いという研究結果もあります。東京都健康長寿医療センターなどのグループが２０２３年に発表したもので、65歳以上の１万人以上を調査した結果です。面白いのは猫を飼っている人と飼っていない人とでは大きな差はないという点。やはり犬との散歩による運動や散歩中の立ち話など地域の人との交流が認知症対策に効果的なようです。

睡眠時間６時間以下は認知症リスクが高い

昨今、睡眠時間と健康寿命の関係に関する研究が急速に蓄積されていて、「健康日本21」（第三次）でも睡眠時間に関する目標が新設されました。60歳未満は６〜９時間、60歳以上は６〜８時間となっています。

私は昔からわりとショートスリーパーで、４〜５時間の睡眠時間でも平気なことを「お得な体質！」などとちょっと自慢に思っていたのですが、どうやらそれは認知症リスクを高めているようなのです。ショック！　それを教えてくれたのは、ライフシフト・ジャパンで活動をご一緒しているライフシフト・パートナー、中林友美さん（case24）。中林さんはがん専門病院の副看護師長を務めたのちに、もっと個人の人生に寄り添いたいとライフシフト。キャリアコンサルタントやファイナンシャルプランナーの資格も取得して、フローレンスＦＰオフィスを立ち上げ、忙しく働く看護師さんの未来設計を支援する仕事をしています。

そんなヘルスケアのプロの中林さんを「Good Over 60's」の勉強会に招いて、自分のためにやっている健康対策を聞いてみると、まっさきに「睡眠の管理」を挙げてくれました。その理由はやはり最近の様々な科学的エビデンス。例えば睡眠時間だけでなく、夜中に２回以上目が覚めるといった不規則な睡眠と認知症発症の関係も明らかとのこと。中林さんは母親の認知症発症を機にますます真剣に睡眠に向き合うようになり、現在はスマートウォッチを使って睡眠管理をしているそうです。その話を聞いて私も改心。枕もマットレスも買い替えて、毎日８時間睡眠を目指しています。

医療費の心配より検診を

ファイナンシャルプランナーでもある中林さんにもう１つ、教えてもらった大事なことがあります。医療費の備えはどれぐらい必要かと聞いたところ、「医療費の心配をする前に健康の維持を。そのためにきちんと検診を」ということ。ごもっともです。例えば日本人女性の死因の１位はがんですが（厚生労働省「人口動態統計」２０２３年）、がんは早期発見で治る病気でもあります。私も年に一度の人間ドックで０期の食道がんを見つけてもらい、本当にラッキーだったと思います。女性のがん検診の受診率は男性よりも低く、30～40％台。会社員卒業後は、人間ドックは自己負担となりますが、年に一度はきちんと受けるようにしましょう。

「健康日本21」（第三次）では、歯科検診と骨粗しょう症検診の受診率も目標になっています。歯の健康が全身の健康と密接にかかわっていることはご存じの人も多いと思います。例えば歯周病は生活習慣病や認知症のリスクを高めますし、かむ力が低下すると食事の量や質の低下につながります。したがって歯科検診の受診目標は95％と高い設定です（現状52・9％）。

骨粗しょう症検診の受診率は、女性の健康寿命を伸ばすために新たに加わった目標です。骨量が少なくなると骨折しやすくなり、高齢になって骨折すると寝たきりになってしまう可能性が高いため、重要視されるようになりました。特に女性は閉経後に骨粗しょう症のリスクを低下させる効果がある女性ホルモンのエストロゲンの分泌が減少するため、注意が必要なのです。骨粗しょう症の対策は、食事（カルシウム、ビタミンD、たんぱく質などの摂取）と運動ですが、検診の結果、症状が認められたら更年期障害とあわせて治療を受けることもできます。受診率の目標は15％（現在5％）ですが、40歳以降の人は定期的に受診したほうがよさそうです。

元気だから働くのではなく、働くから元気になる

「健康日本21」（第三次）には、「社会的なつながり」や「心の健康」を維持するための目標も掲げられています。「社会的なつながり」の最たるものが仕事ですが、実際に元気に働き続けている人のお話を聞いていると、元気だから働いているのではなく、働くから元気になるのだと思うことが多々あります。

82歳でカバン職人としてデビューして、1万円の「がま口バッグ」を月100個も売り上げる斎藤勝さん（case25）もそのひとりです。斎藤さんは家業のラジオ店を継いだ後に41歳で家電製品の修理業で起業しますが、3年で行き詰まります。その後もいくつかの事業を手掛けましたがうまくいかず、68歳で大病を患ってから70代をほぼ寝たきりで過ごしていました。精神的にも不安定で毎日「早く死にたい」とばかり考えていましたが、あるとき娘からミシンの修理を頼まれたことをきっかけに、ミシンの面白さに目覚め、もの作りを始めたのです。

まず簡単なブックカバーから作り始めましたが、もともともの作りが好きな斎藤さんはめきめきと腕を上げ、半年後には売っても恥ずかしくない「がま口バッグ」を作れるようになります。そのバッグを孫がＳＮＳにアップすると大反響。全国から注文

が舞い込むようになったのです。85歳になったいまでも、一日数時間ミシンに向かう毎日を過ごしています。「朝起きてやるべき仕事があることが幸せ」と語る斎藤さんの表情は生き生きとしていて、とても70代を寝たきりで過ごしていたとは思えませんでした。好きな仕事は、人をここまで元気にしてしまうのです。

向学心や好奇心を持ち続けることが元気の秘訣《ひけつ》という方もいます。例えば大手機械メーカーの役員を退任後、65歳で仏門に入り、88歳の現在も長野県の開眼寺で住職を務めている柴田文啓さん（case26）。僧侶《そうりょ》になって20年近くたってもまだまだ勉強が足りないと84歳で大学の仏教学科に入学し、若者と一緒に学んで88歳で卒業。さらに学びを深めるために大学院に進みました。「仏教の教えは一生かけても学びきることができない奥深いもの。これからも学び続け、仏教の大切さを伝えていく活動を続けていきたいと思います」と話す姿は若々しく、とても88歳には見えませんでした。

また柴田さんの暮らしからはストレスが一切感じられず、穏やかです。特に「坐禅《ざぜん》を組むことは、心身の健康につながっています。背筋が伸びて、呼吸が整い、心が落ち着くからです」と語っています。ストレスが健康に良くないことは明らか。瀬畑一茂さん（case10）も会社員時代はストレスの塊で健康診断の結果は最悪だったものの、地方に移住し、好きな仕事をするようになったら、たった1年ですべての項目が正常値に改善しました。「もし以前の仕事を続けていたら１００歳まで生きるなんてとても考えられませんでしたが、いまは100歳なんて楽勝という気がしています」（瀬畑さん）。好きな仕事を心穏やかに続けること、そして学び続けることは、確実に健康寿命を伸ばしていくといえそうです。

親との向き合い方

親の介護に向き合う時間は、自分の人生を考える時間

年老いた親とどう向き合っていけばいいのかは、私たちの年代の共通の悩みです。すでに介護を経験した人、いままさに介護をしている人もいるかと思います。それぞれの親の健康状態や住んでいる場所、夫や兄弟姉妹の有無、経済状況などによって、必要な情報や選択は異なってきますが、ここでは私自身が学びになったライフシフターの選択をご紹介したいと思います。

坂東功規さん（case27）は、認知症の母親の介護のために会社員を卒業し、「雇われない働き方」へとシフトしました。新卒で入社したホテル業界のブライダル部門で長年活躍してきた坂東さんですが、40代に入ると母親の介護が必要に。ひとりっ子の坂東さんは、離れて住む母親の世話をするために時間のやりくりがしやすい別部門に異動します。けれども新たな上司との人間関係や、100％仕事にエネルギーを注げない負い目もあり、また会社が急成長する中で自身のキャリアパスが見通せなくなったことなども重なって、心が騒ぎ始めたのです。とはいえ愛着のある会社を退職する決心がつかないまま、1年以上がすぎていました。

そんな坂東さんをはっとさせたのが、母親の「私、こんな風になってしまうんだったら、もっとやりたいことをやっておけば良かった」という言葉でした。その言葉を聞いて、自分がそれまで会社人間で、自分の人生を生きていなかったことに気づいたといいます。そして「このまま続けていたら、母のように晩年に自分の人生を後悔することになるかもしれない。母が最後の最後に自分に教えてくれることがこれなのか」とありがたさがこみ上げ、退職することを決意します。

けれどもやりたいことがわからない。そこで坂東さんは介護をしながら、本で学んだ「人生を振り返るワーク」をして自己理解を深め、キャリアコンサルタントという仕事を導き出しました。資格を取得し、講師経験を積むために半年ほど人事コンサルティング会社に勤務しましたが、自分の人生を生きるために早々に個人事務所を設立。現在は職業訓練校の講師の仕事をメインとし、誰もが自分に合った仕事に就けるようアドバイスをしています。

母親は退職後1年ほどで亡くなりましたが、坂東さんは仕事を辞めて介護に専念してよかったと語っています。「やれることはやったので納得して見送ることができましたし、自分の人生を考える時間をもらえ、その時間も母からのギフトだったと思います」と話していました。

私が坂東さんのライフシフトから学んだことは、親の介護と向き合う時間は、自分の人生と向き合う時間でもあるということ、そして会社員であれば通算93日間の介護休業があるので安易に離職しないほうがいいという考え方もありますが、いずれは会社員を卒業するのですから、親の介護に向き合う時間を活かして、「雇われない働き方」へとシフトするのも1つの方法だということです。

自営業なら介護にも対応できる

「雇われない働き方」であれば、長い介護期間にも対応できることを教えてくれたのは、70歳のいまも社会保険労務士として活躍している守屋三枝さん（case14）です。

守屋さんは20代後半〜60代の間の多くの時間を、家族の介護と3人の子どもの子育てに費やしてきました。

20代後半に離れて住む父親の介護が始まりました。30代はじめに義父が倒れて介護が必要となり、義祖父・義母との同居を開始。40代は介護も子育ても少し落ち着いたので、この間に自分のやりたいことを模索し、社労士の資格を取得し開業します。けれども50代で義父の状態が悪化。60代になってからは実母と姉、義兄の介護が始まったため、仕事に費やせる時間は30%ほどだったといいます。

それでも社労士という仕事は守屋さんにとってようやく手繰り寄せた天職。活動の幅を広げるために始めた研修講師の仕事は時間の自由度がないため手放しましたが、自分の責任と裁量でできる社労士の仕事は大切に続けてきました。

悔いのない介護を終えて70歳を迎えた守屋さんは、いま時間的な余裕を手にしてあらためて自分のしたいことを広げていこうとしています。そんな守屋さんから50〜60代の私たちへのアドバイスは「介護が生じたときには、周囲の助けを積極的に求めること。周りの目を気にすることなく、時には鈍感力を発揮して続けてきた仕事、趣味や楽しみを手放さないこと。それが豊かな将来につながります」ということでした。

生命保険文化センターの調査では平均の介護期間は5年とありますが、守屋さんのように30年以上続くこともあります。これまでいつまで続くかわからない介護と仕事の両立は、なかなか答えが見えないテーマだと思っていましたが、「雇われない働き方」を選択することで、ぐんと両立しやすくなることを知り、私はほっとしました。さらにリモートワークを組み合わせれば、例えば一時的に親の住む地方に移住をしても仕事はできそうです。

どのような形の介護が最適かはそれぞれの家族の事情によりますが、いずれにしても人生は長い。仕事のペースを少し落としても決して手放さずに、まずは悔いのない介護をすることが大事ではないかと思います。「もっと親にやさしくしてあげたかった」という人にはお会いしますが、介護に費やした時間を後悔しているという人にお会いしたことはありません。

もう一度、親との暮らしを楽しむ

結婚している場合、双方の親の介護をどう考えていくのか、悩ましいこともあります。介護が必要となるタイミングで、夫婦の関係を見直すケースも聞くようになりました。次にご紹介するのは、親の介護がきっかけではありませんが、卒婚したことで、気兼ねなくもう一度親との暮らしを楽しむことができた平紀和さん（case28）です。

アパレル企業を経てスタイリストとして独立した平紀和さんが、卒婚をしたのは55

歳のとき。息子が高校3年生に進級したタイミングでした。その7年前に両親の関係が破綻《はたん》し、平さんはスタイリスト事務所のある神奈川県葉山町に父親を引き取っていました。新潟で高校時代までを過ごして上京したのちは距離のあった父親との関係ですが、事務所を手伝ってもらう形でともに働く日々は、お互いを「個」として認め合い、溝を埋めるような時間だったといいます。一方で妻と息子が暮らす東京都内の自宅にはなかなか帰ることができず、夫婦の関係性はぎくしゃくしていきました。

夫婦で話し合い、それぞれの人生を楽しもうと卒婚。その後平さんの父親のがんが発覚します。泊まり込みで介護をしましたが、半年後にお亡くなりになりました。けれどもできる限りのことはやったというさっぱりとした気持ちだったといいます。

その後、平さんは都内に住む妹の家に同居していた母親を呼び寄せて、葉山町に一軒家を借りて一緒に暮らすという選択をします。もともと葉山町は、平さんにとって子どもの頃に小説を読んで知ってからずっと憧れていた場所。事務所を構えたのもそんな背景がありました。憧れの場所での40年ぶりの母親との暮らしは想像以上に楽しく、母親の健康的な手料理で平さんの血圧も下がったとか。

「いつか終わる2人暮らしなので、一緒にいられるいまはかけがえのない時間」だと平さん。母親は手先も器用なので、平さんのアシスタントとして週に1回テレビ局にも同行してもらっているとのこと。母親は「こき使われて大変」と言っていましたが、その笑顔を見ていると必要とされている誇りを感じます。86歳の新米アシスタントを採用した平さん、どんなプレゼントよりも素晴らしい親孝行をしているように感じます。

親との関係で悔いを残さないために

平さんの選択は、父親との関係に悔いを残さず、また母親と新たな思い出をつくるとても素敵なものだと感じました。特に父親と一緒に働いた7年間は、大人になったいまだからこそできる男同士のいろいろな会話があったようです。人生100年時代は、両親の人生も長くなっています。もう一度、両親との時間を楽しむこともできるのです。

思えば私も18歳で茨城県水戸《みと》市の実家を離れ、もう40年以上、親と離れて暮らしています。幸いにも91歳の父、90歳の母ともに元気で、夫婦2人で仲良く暮らしていますが、年に数度の帰省では、この先あと何度会えるかわかりません。まだ話ができるうちに、ひとりの個人として、両親それぞれがどんな人だったのか、話を聞いておかないと後悔するのではないかと思い始めています。

皆さんのなかにも同じような思いを持っている人がいるかもしれません。特に私たちの世代は、母親との価値観の違いに苦しんできた人も多いようです。十分に大人になったいま、ゆっくりと母親と向き合ってみるのもよさそうです。忘れていた「原点」を思い出すことにもつながるかもしれません。

もしご両親の健康に不安がなければ、一緒に旅をするのもよいですよね。私の会社員時代は忙しく、ほとんどどこへも連れていってあげられませんでしたが、一度だけ、仕事よりも両親との旅行を優先したことがあります。両親の結婚55周年を祝って、ハワイ島を旅したのです。一番の目的は山岳部出身の父の「マウナケア火山に登りたい」という希望をかなえることでした。当時父は82歳、母は81歳。車で山頂まで行けるとはいえ、この年齢での４２００ｍの高度の移動は難しいとコーディネーターに断られたりしながらも、半年前から入念に手配をしていました。

ところが直前になって問題が発生。旅行日程と私が手掛けていた新規事業を売却するか否かの最終判断をする経営会議とが重なってしまったのです。全力を注いでいた事業なので迷いましたが、私ができることはやり尽くしていたので、天命を待つ気持ちで旅立つことにしたのです。会議の結果は第二章でお話しした通り残念なものでしたが、おそらく私がいても結論は変わらなかったろうと思います。会議にかけるときには結論は出ている。会社とはそういうところなのです。

一方で両親はそのハワイ旅行をとても楽しんでくれました。結果的にこの旅行が両親にとって最後の海外旅行になったこともより印象を強くしているのだと思いますが、いまだに「世界各国を旅したけれど、あのハワイ旅行が人生で一番楽しかった」と何度も何度も言ってくれています。実家のリビングに飾られた、マウナケア山頂で両親と私たち夫婦の4人で撮った美しい夕焼けの写真を見るたびに、仕事よりもこの「経験」を優先してよかったと思うのです。

パートナーとの関係はどう変わる？

卒婚で、自立した個人として生きていく

人生100年時代の働き方は、富士山型ではなく、八ヶ岳型。1つの仕事ではなく、いろいろな仕事を経験することがリスクヘッジにもなりますが、パートナーとの関係はどう考えていくべきなのでしょうか。変化の時代に、ひとりのパートナーと添い遂

げるということは、ますます難しくなっていくのかもしれません。子どもの独立や定年後も40年続く人生を考えれば、離婚や卒婚を考える人も増えるでしょうし、自分らしい人生を歩んでいくうえで、それは決して悪いことではないでしょう。

卒婚したことで、平紀和さん（case28）は、誰にも気兼ねなく、幼いころから憧れていた場所に住み、もう一度親との暮らしを楽しむことができました。瀬畑一茂さん（case10）は、卒婚はしていませんが、信州に移住する際に妻と今後の暮らしについてじっくり話をし、これからは夫と妻という役割ではなく「個」として向き合っていこうと約束をしたといいます。家事に関しても移住前は妻がすべてを担っていましたが、分担していこうと決めました。その結果、料理は瀬畑さんの役割に落ち着いたそう。「私は料理のセンスがいいようで、安いもの、美味しそうなものを買ってきて適当に味付けすると実にいい感じの料理になります」と少し自慢げに話してくれました。いずれひとりになる私たち。夫婦といえども個人として自立していることはとても大事なことのように思います。

「還暦婚」で手に入れた安心感

一方で、「還暦婚」をする人にも出会います。安定した関係性の中で、これからの人生を楽しむというのも1つの選択肢でしょう。例えば、41歳のときに人材サービス会社から独立し、現在は「うるおいキャリア」をキーワードに個人のライフデザイン支援に携わる内田美紀子さん（case29）。「Good Over 60's」のメンバーでもある内田さんは、子どもの頃から結婚願望は全くなかったといいますが、コロナ禍での心境の変化があり、60歳の誕生日に7年間お付き合いをしてきたパートナーと「還暦婚」をしました。家族も面会できないような未知の事態が起こる時代、入籍して関係性を安定させておいたほうがいいかもしれないと思ったそうです。

食の好みが合うことも結婚の決め手になりました。実は内田さんの夫は料理人で、2人は夫が経営するお店で出会ったのです。食は人生のヨロコビですから、食事をともにする頻度の高いパートナーと好みが合うことは幸福につながりそうです。リモートワークの普及で「職場結婚」は減っていますが、「食場結婚」はねらい目かもしれません。

内田さんは週末だけを一緒に過ごす「週末婚」を選んだので、生活はあまり変わらないものの、やはり信頼できる人が身近にいる安心感は大きいとのこと。また内田さんの「一回り下の夫の夢を応援する楽しみがある」という言葉には、自立した大人ならではのゆとりが感じられました。そしてひとりひとりが人生の主人公であるならば、年齢差の問題ではなく、一番近くでその人の「ありたい姿」を応援しあえる関係こそが、これからのパートナーシップなのかもしれません。

個性を尊重する結婚で、人生の楽しみを倍に

地元・大阪に本社を構えるサンヨーホームズの社長まで登り詰めた山平恵子さん（case30）は、関連会社の会長職を辞した58歳のときに、スペイン人ダンサーのフランシスコ・ザビエル・ギジェンさんと結婚しました。2人は、山平さんが友達に誘われてザビエルさんのショーを見に行ったときに出会います。当時の山平さんは40代後半。課長に昇進し、人前で話すことが増えたので自己表現を学ぼうと演劇を習い始めたころ。ダンスにも興味があったといいます。一方のザビエルさんは名古屋を拠点にダンス教室や振付師など幅広い活動をしていました。

山平さんは大阪でも教室を開いたらどうかと提案をして、その手伝いをしているうちにお付き合いが始まります。アーティストとして生きてきたザビエルさんの視点や感性は、ビジネスパーソンの山平さんと大きく異なり、これからの人生を補い合って生きていけるのではと結婚を考えるようになったといいます。

けれども当時の山平さんは、出世街道をものすごい勢いで突き進んでいたころでした。実は山平さんは均等法施行の3年前に「女性総合職第1号」としてクボタハウス

（現サンヨーホームズ）に入社。商品開発などの現場で目の前の仕事を一生懸命やってきたものの、女性だからという理由で昇進が遅れていました。46歳のときに経営戦略室に異動になって社長直下で仕事をするようになると、ようやくその働きぶりが認められ、47歳で課長、50歳で執行役員、その後常務執行役員、専務執行役員を経て、あれよあれよという間に54歳で社長に就任したのです。

大役を果たすには仕事に集中する必要があり、結婚はしばらく延期に。これは山平さんにとっては当たり前のことで、ザビエルさんもよき理解者でした。そして山平さんが「やりきった」と思えた4年後に2人は結婚をしたのです。現在の山平さんは大阪に拠点を移したザビエルさんのダンス教室の運営やマネジメントを担いながら、経営者としての経験を活かして4社の社外取締役を務めています。

「結婚という形をとったのは外国人の彼の暮らしやすさを考えてのこと。大人同士なので窮屈さはなく、彼の心の底から喜びがわいてくることをしないと人生がワクワクしないという言葉に共感しながら、毎日を楽しんでいます。会社にも縛られない還暦からが本当の青春。親にも誰にも遠慮なく、本当の自由が待っていました」と語る山平さんはとても幸せそうです。

大人同士だからこそ、異なる個性を認め合い、人生の楽しみを倍にすることができるのでしょう。でも考えてみたら、長年一緒に暮らしている夫婦だって「大人同士」。

瀬畑さんのように、もう一度「個」として向き合ってみれば、新たな人生の楽しみが見えてくるかもしれません。そして「還暦からが本当の青春」という言葉は、すべての60歳に贈りたいと思います。山平さんのように、好奇心と向学心をもって活動範囲を広げると、素敵な出会いがあるものです。いずれにしても人生100年時代のパートナーとの関係は、ますます多様になっていきそう。本当に誰にも遠慮する必要はありません。自由に自分らしい形をつくっていけるといいですね。

住まいは3ステージに分けて考える

住まいの満足度が高いと、幸福度も高い

私たちの住まいはこれまで、会社のある場所に縛られていましたが、リモートワークの普及でぐんと自由度が高まりました。子どもも独立し、「雇われない働き方」へ

とシフトする60歳以降は、ますます自由になっていきます。30〜40代で購入した住まいが古くなって設備的にも更新の時期を迎えている人も多いはず。いま私たちは住まいを見直す大チャンスを手にしているのです。

第三章では、やりたいことの見つけ方の1つとして、まずは住みたい場所を選んで、そこで何ができるかを考えるという方法をご紹介しました（アプローチ6）。ここでは、60歳からの住まいのあり方そのものを考えていきたいと思います。

最初に、興味深いデータを紹介します。65歳以上の男女に聞いた、住まいや住んでいる地域への満足度と幸福感の関係です（内閣府「高齢社会に関する意識調査」2023年）。いまの住まいについて「十分満足している人」は35％、「やや満足している人」は46・6％ですが、幸福感を聞くと「十分満足している人」の68・1％が「幸福感を十分に感じている」と回答しています。「やや満足している人」で「幸福感を十分に感じている」のは26・5％ですから、大きな違いです。住んでいる地域に関する満足度も同じ傾向で、「十分満足している人」の幸福度は67・8％、「やや満足している人」の幸福度は28・1％です。

住まいと住む場所は、こんなにも私たちの幸福に影響を及ぼしているのです。特に「雇われない働き方」にシフトした場合、多くの人が自宅をオフィスにしますから、在宅時間は長くなります。住まいの質は仕事の質にも、幸福にも大きく影響すると思います。

私自身も60歳を機に、東京と神奈川県三浦市で2拠点生活を始めましたが、いまのところ大満足しています。三浦の家で一番気に入っているのが、オフィススペースからの眺め。木立越しにヨットハーバーが見える一番眺めのいい場所をオフィススペースにしたので、何時間いても飽きません。内装も無垢材を使っているので肌触りがよく、リラックスできます。世界中で長く愛されている名作の家具も入れたので、その美しさにも癒されます。すみずみまでちゃんとデザインされた空間で、好きなものに囲まれて暮らすということは本当に気持ちがいいものです。

三浦市という地域も楽しいところです。魚も野菜も美味しいのですが、すぐ近くの三崎《みさき》港は江戸時代から栄えたマグロ漁港なので、漁師町としての文化の蓄積があるのです。これから地域を探究し、つながりをつくっていくことにとてもワクワクしています。なにより東京の自宅からも1時間ちょっと。両方の暮らしを日常的に行き来できるので、人生の豊かさが2倍になった感じで、確実に幸福度はアップしています。

60歳からの住まいは3ステージ

皆さんも幸福度アップのために、これからの住まいを考えてみましょう。第三章で考え始めたこれからの働き方、そして本章で考えてきた家族のことなどもふまえつつ、皆さんはこれからどんな暮らしをしたいでしょうか。新しい趣味や地域活動などやってみたいこともいろいろあると思います。そのためにはどんな住まいが適しているでしょうか。いまの住まいのリノベーション、住み替え、地方や海外への移住、実家近くに戻る、２拠点居住、別居、同居、近居……。選択肢はいろいろあります。資金の問題は方向性が決まってから専門家に相談するとして（私の場合もそうでした）、まずはどんな暮らしをしたいのかを考えることが大事です。いきなり結論を出す必要はなく、ワクワクするイメージを浮かべるところから始めればＯＫです。

それとこれから選ぶ暮らしをいつまで続けるのかということも大切な視点。第一章でお話しした通り、私たちのこれからの40年は、健康状態からいうと以下の３段階に分けられます。年齢は健康寿命の延びを考慮した目安です。

1　健康に過ごせる「アクティブ期」（60〜85歳ぐらい）

2　少し調子が悪いところはでるけれど自立して暮らせる「セルフケア期」（85〜95歳ぐらい）

3　介護サービスが必要な「要介護期」（95〜１００歳ぐらい）

「アクティブ期」に特化した住まいを考えるのか、「セルフケア期」や「要介護期」まで住まうことを前提とするのかで、住まいに求める機能や住むべき場所も異なってきます。例えばいまの住まいに「セルフケア期」以降も住まうことを前提にリノベーションするなら、バリアフリー化やヒートショックを防ぐための脱衣室・浴室の温熱工事、介助者の作業スペースの考慮なども必要となってきます。住むエリアとしても「セルフケア期」は買い物や医療施設へのアクセスの良さが重要になるので、リノベーションではなく住み替えたほうが良いという判断になるかもしれません。

ちなみに60歳以上の人に「身体機能が低下した場合の住宅」の希望を聞いた調査では、自宅に留まりたいという人が59・1％、老人ホームに入居したいという人が14・6％、高齢者用住宅へ引っ越したい人が13％となっています（内閣府「高齢者の生活と意識に関する国際比較調査」２０２０年）。やはり愛着のある自宅で介護サービスを受けて最期を迎えたいという人が多いようです。「要介護期」まで居住できる住まいにするためには、それなりに費用もかかるので、「50代のうちにできることはしておいたほうがいい」というのは、一般社団法人ケアリングデザイン代表理事の小野由記子《おのゆきこ》さん。ケアリングデザインは50代以降の大人世代の住まいと、医療、看護、福祉のケア空間をもっとここちよくすることを目標に活動をしている専門家集団です。「住まいは人生の伴奏曲と言われ、良質な住まいは、どんなときにも人を支えてくれます。

50歳以降の住まい作りは、シニア期に起こる健康、生活の変化を知った上で、いつまでもきげん良く自宅で過ごせるように計画したいものです」と話しています。

「アクティブ期」を楽しむ住まいの条件

私もケアリングデザインが主催するケアリングデザインエキスパートの資格を取得して専門的に学びましたが、最終的に三浦の家は「アクティブ期」を楽しむ住まいと位置付けました。車がないと公共交通機関の駅まで行けませんし、室内にはスキップフロア（段差）もあります。「セルフケア期」を考えたら選ばない場所ですし、採用しない設計プランです。でも「アクティブ期」の私たちにとって車でしか行けない隠れ家的な環境と、スキップフロアのおかげでどの空間からも海が見えるプランは心躍るものでした。なので、この家に住むのは20年ぐらい。80歳ぐらいになったら、「セルフケア期」に適したマンションに住み替える作戦でいこうと思っています。

20年後には手放すことを考えると、「売りやすさ」が気になったりもしますが、大事なことは自分がそこに住んでワクワクするかどうか。「将来の売りやすさ」を気にしすぎると、誰の心にも響かない中途半端な家になってしまう可能性があると思います。逆に自分がワクワク楽しく住める家にこだわれば、将来、同じような好みの人が買い手として現れるものです。これは「週刊住宅情報」時代に「将来売りやすい住まいの条件」といった特集を何度となく組んできた私の結論です。

ぜひ皆さんも、「アクティブ期」に特化した住まいを選ぶのであれば、自分の「ワクワク」にこだわってください。将来手放すことを考えれば、賃貸を選ぶという手もあります。「購入か賃貸か」というテーマも「週刊住宅情報」時代に何十回と組んだ特集テーマです。それだけ奥が深いテーマで比較のポイントはいろいろありますが、我が家は空間にもこだわりたかったので土地を買って建築家に設計してもらうという選択をしました。空間にそれほどこだわりがなく、気軽にいろんなところに住んでみたいのであれば賃貸という選択もあります。安定した収入があれば60代で部屋が借りられないということはありません。50歳のときにファッション業界のコンサルタントを退職し、断捨離トレーナーにライフシフトした原田千里さん（case31）は、ご自身の住まいにも無駄なものは一切なし。60㎡のマンションから38㎡のマンションに住み替えて快適に暮らしています。究極はトランク1つで暮らすこと。仕事はリモートでできるので、沖縄、軽井沢《かるいざわ》……と2年ごとに住みたいところに住んでみたいと話しています。

どんな空間に暮らしたいかは人それぞれですが、私がこだわったことは、先ほども書いた通り、まず働く空間。仕事部屋の環境は、仕事の質に直接的な影響を与えることが多くの研究で示されています。もう1つは、友人を招ける家であること。大切な友人と楽しい時間を過ごすことが、これからの私の人生の豊かさにつながっていくと気づいたからです。のちほど「いい人間関係が人の幸福に大きく影響する」という話をご紹介しますが、家に招いて一緒に食卓を囲むことは、親密な関係をつくっていくうえでとても効果的。人を招ける家づくり、ぜひお勧めしたいと思います。

バリアフリー建築の先駆者が選んだ「要介護期」に備える住まい

「セルフケア期」「要介護期」の住まい選びについて、ケアリングデザインの理事も務める80歳の現役建築家・吉田紗栄子さん（case23）は、「明日死ぬかもしれないし、あと20年生きるかもしれない。両方の準備が必要なところが難しい」と話しています。吉田さんご自身は、この難問に「2拠点居住」という答えを出しました。75歳を機に、夫婦2人が住む東京都内のマンションを売却し、娘夫婦が住む熊本県南阿蘇村《みなみあそ》と、羽田空港へのアクセスのよい横浜のマンションの2か所に住まいを構えたのです。南阿蘇は「要介護期」を見据えた拠点、横浜は100歳まで自立して生きるための拠点です。

終《つい》の棲家《すみか》を南阿蘇にすることは、20年前にひとり娘が結婚相手の故郷に移住をして農業を始めたときから決めていたといいます。「農業は土地から離れられない仕事。親が近くに行かないと遠距離介護になって娘たちに負担をかけてしまうから」というのがその理由です。75歳での判断は、もうこれ以上年齢を重ねたら動きがとれなくなる、南阿蘇に馴染む時間も必要と考えたからでした。「子どもには迷惑をかけたくない」と多くの人がいいますが、子どもの立場からすればそういうわけにもいかないのだから、というお話になるほどと思いました。

そして横浜のマンションは、吉田さんができるだけ長くひとりで自立して住まうことを目的としています。地下鉄の駅からフラットな道を歩いて2分。羽田空港だけでなく、どこへでも出やすい立地です。共用部分に段差はなく、室内はバリアフリー建築の専門家の知見をフルに生かしてリノベーションを施しています。コンパクトで機能的、車いすにも対応していますが、いかにもといった手すりなどはなく、家具の配置で転倒防止をしています。自立して生きていく上で働き続けることは欠かせないため、一番眺めのいい場所に仕事コーナーを設けました。また人を招いてお茶ができるスペースもあります。月の3分の2はここでひとり暮らしなので、頼れるのは近所の友人。「お茶をしにいらっしゃいませんか?」と声をかけて懇意になったそうです。

都内のマンションを売却したときに、かなり断捨離をしましたが、趣味のハガキ絵は続けています。「仕事だけでなく趣味も大事。でも陶芸とか残されても困るでしょう。ハガキ絵なら、私の死亡通知に使えるし」と笑う吉田さん。趣味の選び方もさすがです。

シェアハウスという選択

吉田さんのように、隣近所に友人がいると、いざというときに安心です。その安心感や人とのつながりを楽しむ暮らしを選ぶ人もいます。

松野美穂さん（case32）は、55歳のときに、ひとりで暮らしてきた神奈川県横浜市の実家を売却し、鎌倉のシェアハウスに移り住みました。30代後半に立て続けに両親を亡くして大きなショックを受けましたが、家族の思い出の詰まった広い一軒家に住み続け、一室でリフレクソロジーのサロンを運営しつつ、インターナショナルスクールのスタッフとして前向きに働いてきました。ところが47歳のときに東日本大震災が起こり原発事故の影響で外国人が次々と帰国。インターナショナルスクールが休校になり、友人も地方に移住する中、家を守らなければならない松野さんはひとりぽつんと残され、深い孤独を感じたといいます。軽いうつ状態になり、サロンは休みがち、再就職もうまくいかず、次第に家に引きこもるようになります。当時の生きがいは家を守ることだけでした。

転機となったのは、知人に誘われて参加したイベントで出会った人の「お金やモノなんて、いつかなくなる。モノがなくなったって、人さえいればいい」という言葉。そして幅広い年代が集うシェアハウスで暮らすという選択肢を教えてもらったのです。思い起こせば松野さんの家は、子どもの頃から多くの人が出入りするにぎやかな家でした。人とのつながりを感じられない生活はもう限界だったのだといいます。

1年かけて「実家じまい」をして移り住んだ鎌倉のシェアハウスには、8畳の個室と、共同のリビング、キッチン、浴室があり、20、30代を中心に60代まで13人が暮らしています。職業もバックグラウンドも多様で、松野さんは移り住んで1週間経ったころには、家族でにぎやかに暮らしていたころの自分を取り戻し、人とも楽しく話せ、身体も軽く感じられるようになったそう。もちろん多様な価値観の人が暮らしているので、人間模様もいろいろ。トラブルに巻き込まれたこともありますが、多様性を学ぶ良い機会だったと話します。

5年後に松野さんが還暦を迎えたときには、シェアハウスの新旧メンバーがパーティを開いてくれたそう。その写真を見せてもらうと、とても楽しそうで、松野さんは人生の先輩として若いメンバーに人気があることが伝わってきました。シェアハウスで出会って結婚する若者もいて、結婚式にも招待される関係です。もともとインテリア業界での経験もあり、家を整えるのは得意技の松野さん。現在はシェアハウスの運営スタッフとしても活躍しています。人とつながり、自分を取り戻し、自分らしい仕事も手に入れ、松野さんのシェアハウスに住むという選択は大成功でした。

「セルフケア期」「要介護期」の住宅の現状

日本には、松野さんが選んだような多世代型のシェアハウスはまだ少ないですが、ひとり暮らしのシニアが増えるなか、ともに暮らしを楽しみ、困ったときは助け合うコミュニティ型の住まいは増えていくと考えられます。友人同士で同居もしくは近居を考えている人もいるでしょう。同居はなかなか難しいという話も聞きますが、近居はよいアイデアかもしれません。私もここはまだ勉強中の分野です。

勉強をするなかで魅力的だと思ったのが、北欧を中心に広がる「コ・ハウジング」。第一生命経済研究所でシェアハウスの研究をしている福澤涼子《ふくざわりょうこ》さんによると、「コ・ハウジング」とは基本的にはシェアハウスと同様に、個人のスペースと共用スペースを組み合わせた住まいで、シャワー・トイレ・キッチンなどは自室にあるところが特徴です。デンマークでは1970年代からの蓄積があり、子どもや若者と交流できるもの、シニアに特化したもの、裁縫室や屋上菜園などユニークな共用スペースがあるものなど、豊富なバリエーションがあり、個人の志向で選ぶことができます。ミッションステートメントがあったり、トラブル解決のコースを受講することが入居条件であったりするところも、成熟を感じます。また空間的にもさすがインテリアデザインに秀でた北欧と思わせる美しさで、こんなシニア住宅だったら暮らしてみたいなと思いました。

なお日本のシェアハウスも北欧の「コ・ハウジング」もそうですが、こうしたコミュニティ型の住宅における交流や助け合いは、自主的なもので、多くの場合、生活支援や介護サービスは提供されません。もし必要となったら、個人で外部サービスを手配するか、サービス付きの住宅（施設）へと住み替えることになります。

では現在の日本における「セルフケア期」「要介護期」の住宅・施設としては、どんな選択肢があるのでしょうか。概略だけ整理しておきます。介護の経験のある人は十分ご存じかと思いますが、まず「セルフケア期」の選択肢としては、急速に増えている「サ高住」、サービス付き高齢者向け住宅があります。安否確認サービスや、生活相談サービスなどがついている賃貸住宅です。費用は立地やサービス内容、課金形態などによって異なりますが、高齢者住まい事業者団体連合会の資料によると、85歳（女性）・要介護2の人の費用例（全国平均）として月額利用料13万4764円（家賃、共益費・基本サービス費・食費）という数字が示されています（これとは別に介護保険自己負担分や医療費など4万3145円がかかります）。賃貸住宅以外だと、利用権方式の「住宅型有料老人ホーム」や、「シニア向け分譲マンション」などがありますが、提供されるサービスや費用はさまざまです。

「要介護期」になると、介護保険サービスで利用できる公的施設「特別養護老人ホーム」（特養）が選択肢になってきます。入居条件は原則「要介護3」以上ですが、数が足りず入居待ちのケースも多いといわれています。介護保険施設以外には、入居一時金が高額なものもある「介護付き有料老人ホーム」や「認知症対応型共同生活介護（グループホーム）」などがあります。

住宅ジャーナリストの山本久美子《やまもとくみこ》さんは「高齢者向けの住まいや施設には多くの選択肢がありますが、60歳を迎える段階でそういったところへの住み替えを考えるのは早すぎます。まずはアクティブ期を豊かに過ごすことを優先すべきですが、将来的にはお金がないと選択肢が狭まってしまいます。金銭的な準備だけは今のうちから考えておきましょう」と話しています。

人とのつながりと幸福の関係

「孤独」は肥満より死亡リスクが高い

60歳からの人生を豊かに暮らしていく上で知っておきたいことの最後は、人とのつながりの大切さです。本章の最初の「健康」のところでも少しふれましたが、「社会的つながり」は、私たちの健康や幸福に大きく影響を与えることがわかっています。

例えば米ブリガムヤング大学のジュリアン・ホルト・ランスタッド教授（心理学）らは、「社会とのつながり」が強い人は、弱い人より早死にする確率が50％も低いこと、「社会とのつながり」の欠如は一日15本の喫煙と同じくらい、肥満や過剰飲酒、運動不足よりも大きなリスクであることを示しています（『孤独の本質　つながりの力――見過ごされてきた「健康課題」を解き明かす』ヴィヴェック・H・マーシー著　樋口武志訳　英治出版　2023年）。この研究結果を見たとき、わりとひとりも好きな私はびっくりしましたが、人間は社会的存在だということなのでしょう。望まない孤独・孤立は、ストレスの増加、睡眠の質低下、免疫力の低下などを引き起こし、うつ病、認知症の発症リスクを高め、自殺リスクも高まるのです。

そして日本はイギリスに続いて世界で2番目に孤独・孤立対策担当大臣が生まれた国ですが、内閣府の調査では40・3％の人が孤独を感じると回答（「人々のつながりに関する基礎調査」２０２２年）。また日本全国で引きこもり状態にある人は１４６万人と推定され、15〜39歳で2・05％、40〜64歳で2・02％と年代に差はありませんが、もっとも大きな要因を聞くと、40〜64歳は男女とも「退職」が1位となっています（内閣府「こども・若者の意識と生活に関する調査」２０２２年）。

こうしたデータをみていると、「定年後の孤独」は会社人間だった男性の問題のように思われがちですが、私たち女性にとっても身近なテーマといえそうです。やはり毎日通っていた会社に行かなくなること、居場所が1つなくなること、会社の名刺がなくなり「個人」になることは、大きな変化なのです。自分には趣味や地域でのコミュニティがあるから大丈夫と過信せず、退職する前に、少しずつ「小さな仕事」の立ち上げに向けて新しいつながりをつくりはじめることが大切なのかもしれません。

いま何をしているの？　と聞かれたら

女性のセカンドキャリアを支援する研修会社を起業した西村美奈子さん（case13）

も、子育て時代のママネットワークはあったものの、40代後半になって「ずっと会社中心で生活をしてきて、特別な趣味もない自分は仕事のない日々をどう過ごせばいいんだろう」と不安になったといいます。その不安を解消するきっかけとなったのが、たまたま参加した社外での勉強会です。そこで気の合う同年代の仲間ができ、イベントなどをやったことが、会社の名刺がない「個人」として活動する自信となって、やがて起業へとつながっていきました。

退職後、「いま何をしているの？　と聞かれるのが嫌で、人と会うのが億劫になってしまった」という話を聞くことがあります。よくわかります。会社を辞めるときは、必ず「次に何をするの？」と聞かれます。まだ模索中の場合、答えに困ります。親しい人であれば正直に答えればいいのですが、そうでもない人も興味本位で聞いてきます。新しいコミュニティに顔を出す際も「お仕事は何をしているのですか」と聞かれますから、面倒臭いと思ってしまうこともありますよね。

私も次に何をするのか決めずに会社を辞めたので、どう答えるか迷うこともありましたが、大学院に行くことは決めていたので「学生です」という答えは便利でした。それとよく使っていたのが「エクスプローラー（探究者）になります」という答え。これは書籍『ＬＩＦＥ　ＳＨＩＦＴ』の中で、人生１００年時代に新たに登場するライフステージとして示されたもの。従来のライフデザインは「教育→仕事→引退」という3ステージ型でしたが、人生100年時代は「マルチステージ型」になり、いくつもステージを経験するようになります。その中で新たに登場するのが「エクスプローラー期（自己探究の時期）」というもの。次のステージに移行するための自己探究や学びの時期をさします。私は「第二の思春期」と同じと捉《とら》えていますが、より前向きな感じがしてよい言葉だと思います。「それって何ですか？」と会話もはずむので、遠慮なく使わせていただきましょう。

何か肩書がないと人と会いにくいと感じるようだったら、なんでもいいので、肩書をつくって、名刺もつくってしまいましょう。言ったもん勝ちです。私はアメリカに留学した際は、「ライフスタイル・リサーチャー」という肩書の名刺を持っていきました。英語の勉強も兼ねて、街の人にインタビューをしたかったからですが、こちらもなかなか便利でした。

幸福と健康を高めるのは「いい人間関係」

もう1つ、私が感銘を受けた興味深い研究があります。「ハーバード成人発達研究」で、ハーバード大学の学生268人と、ボストンの最貧困地区出身の少年456人という全く異なるグループの計724人（家族）の人生を80年以上にわたって追跡し、幸福と健康の条件を探ったものです。この長い追跡期間を経て明らかになったことは、「健康で幸せな人生を送るには、良い人間関係が必要」（『グッド・ライフ』ロバート・ウォールディンガー＆マーク・シュルツ著　児島修訳　辰巳出版）ということ。なんとシンプルな結論！　人間の幸福度、健康と関係があるのは、家柄、学歴、年収、職業、名声、老後資金の有無といったものではなく、「いい人間関係」だったのです。そして友人の数は関係なく、生涯をともにするパートナーの有無でもなく、重要なのは、人間関係の質。心が通う人間関係の中で生きることが、心と身体を守ってくれるといいます。

「心が通う人間関係」と聞いて、皆さんは思い浮かぶ人がいますか？　もし思い浮かぶようでしたら、この『グッド・ライフ』が勧めるのは、メンテナンスをすることです。相手に今まで以上に注意を向けること、思いを伝えること、話に耳を傾けることが大切と説いています。またいい人間関係はいくつになってもつくれるとも書かれています。「幸せになるのに、遅すぎることはない」というのがこの本のサブキャッチでもあります。

私の場合はどうだろうと考えてみると、夫、親、姉妹、学生時代の友人、これまでともに働いてきた仲間、師として慕っている元上司や人生の先輩、そして夫婦共通の友人など、いろいろなつながりが思い浮かびます。本当にたくさんの人に囲まれて生きてきて、頻繁に会っていなくても、このつながりを思い出すだけで幸福な気持ちになれます。

地域でつながりをつくり、安心感と幸福度をアップ

会社員卒業後は、地域とのつながりも意識するようになりました。会社員時代は会社と家との往復だけでしたが、「遠くの親戚より、近くの他人」という諺《ことわざ》の通り、災害の多い日本では緊急時に頼りになるのは地域コミュニティ。シニア期も同様です。地域への満足度は幸福にもつながりますし、自分の住んでいる地域をよりよくすることに貢献したいという気持ちもあって、少しずつつながりをつくっているところです。

まず区報を読むようになり、区民農園の募集を発見して見事当選！　野菜作りを始めたことで、農園仲間ができました。野菜作りはいいことがいっぱいですね。新鮮な野菜は美味しいし、たくさん収穫できたときにはご近所さんにお裾《すそ》分けして、関係性もアップ。枝豆を差し上げたら、お礼にシャンパンをいただいたこともあります（笑）。最近では犬を飼い始めたことで、犬仲間もできました。毎朝ドッグランに行くようになると、同じように大きい犬を飼っているご近所さんと知り合ってすっかり仲良しに。飲み会をしたりして盛り上がっています。

地域でつながりをつくる方法はいろいろあります。フルーツパフェ専門店を開業した鈴木瑞穂さん（case9）は、地元のインキュベーション施設でアルバイトをすることで、たくさんのネットワークをつくりました。吉田紗栄子さん（case23）は、全く知り合いのいなかったマンションに引っ越し、ご近所さんに「お茶にいらっしゃいませんか？」と声をかけて友達になりました。葉山町に移住をした平紀和さん（case28）は、大学でお祭りの研究をしていたこともあり、地元の盆踊り大会に実行委員として参加してつながりをつくっていきました。

地域ボランティアも良いですが、地域の課題解決につながるようなテーマで、小さな仕事を起こせたら、当然ながらつながりは強くなります。小規模保育園で起業した及川敬子さん（case12）は、「子どもたちは私のことを忘れてしまいますが、親は覚えてくれている。毎年10人卒園生がいると、10年で１００人、地域で知り合いができる。この先の人生を考えたとき、こんな安心なことはありません」と語っていました。

これから新しいつながりをつくっていきたいと考えるなら、地域というキーワードはぜひ検討したいところです。「いい人間関係」をつくっていくには、時間がかかります。けれども健康で幸せな人生を送るには、「いい人間関係」が必要であることがわかっているのであれば、そのために時間を使っていくことは意義があることなのだと思うのです。

第五章

自分らしい60歳へ

「ライフシフトの法則」

ライフシフトには4つの法則がある

ここまで60歳からの時間、働き方、暮らし方を考えてきました。60歳からの人生をどうつくっていきたいか、少し方向性が見えてきて、ワクワクしてきたでしょうか。まだまだモヤモヤとしていて、この先どんな風に動いていけばいいのかわからない人もいるかもしれません。

大丈夫です。本書は最終章ですが、皆さんの旅はこれからが本番です。これから思う存分、ジタバタしてほしいと思いますが、道に迷ったときのために、最後に「ライフシフトの法則」をお届けします。これは、私が参加しているライフシフト・ジャパンが、ここまで紹介してきた方々を含む100人以上のライフシフターの人生の物語から紡ぎ出した、ライフシフトを前に進めるための「共通法則」。ライフシフターの皆さんの人生はひとりひとり個性豊かなものなのですが、そのプロセスを俯瞰してみると、共通項がたくさんあったのです。

この「法則」を知っておくと、いま皆さんが「ライフシフトの旅」のどの地点にいるのか、どうしたら旅をもう一歩前に進めることができるのかがわかります。ライフシフト・ジャパンが提供している人生100年時代のライフデザインを考えるワークショップ「LIFE SHIFT JOURNEY」の中でも使用しているフレームで、すでに5000人以上の人がこの法則を上手に使って、人生に変化を起こしていっているのです。

また、「法則」とともに「LIFE SHIFT JOURNEY」で実施している自己探究のワークもご紹介します。「ありたい姿」の方向性が見えてくるワークですので、実際にやってみていただき、旅を一歩前に進めることに役立ててください。

では早速、「ライフシフトの法則」を紹介していきましょう。法則は4つです。

第1法則　5つのステージを通る
第2法則　旅の仲間と交わる
第3法則　自分の価値軸に気づく
第4法則　変身資産を活かす

ひとつひとつ見ていきましょう。

第1法則　5つのステージを通る

ステージ1「心が騒ぐ」～モヤモヤと向き合う

ライフシフトの旅は紆余曲折があり、かかる時間も人それぞれですが、プロセスはとても似通っています。それを示したのが「第1法則　5つのステージを通る」です。

ライフシフトの5つのステージ

ステージ1　心が騒ぐ
ステージ2　旅に出る
ステージ3　自分と出会う
ステージ4　学びつくす
ステージ5　主人公になる

出発点は「このままでいいのか」と心が騒ぐステージです。本書でご紹介したライフシフターの多くは、「人生の折り返し地点である50歳という年齢」や「定年」が近づいてきたことがきっかけで、心が騒ぎ出しています。私のように納得いかない会社の決定や、不本意な異動がきっかけになる人もいます。また自身の病気や身近な人の死などがきっかけとなることもあります。

いずれにしてもこのステージで大切なことは、その「モヤモヤ」から目を背けないことです。「いまは忙しいから」とか「いま会社を辞めるわけにはいかないし」「みんなこれぐらいのことは我慢しているから」などと自分に言い訳をして心のざわめきに蓋をしてしまっては、ライフシフトの旅は始まりません。「心が騒ぐ」ことは悪いことではないのです。

もしいま、「心が騒ぐ」ステージにいるのであれば、その気持ちに素直に向き合い、何か行動を起こしてみましょう。そうすることでステージ2「旅に出る」に進むことができます。本書を手に取ってくれたことも、行動の1つです。

ステージ2「旅に出る」～行動を起こしてみる

自分がなぜモヤモヤしているのか、これから自分はどこへ行けばいいのか、その答えを探すために何らかの行動を起こすというフェーズが、ステージ２「旅に出る」です。私は文字通り、海外留学という旅に出ましたが、実際に旅に出る必要はありません。あくまで「旅」はたとえで、自分の頭の中だけで考えるのではなく、何かをやってみて、そこで感じたことを鏡に、自分を知っていくというプロセスです。第一章でお話しした、「第二の思春期」にあたる、ジタバタする時期です。

農業で起業した清水雄大さん（case20）は、「自転車に乗ってひとりで出かける」「普段読まないジャンルの本を読む」といった小さな行動から始めて、徐々に自分がやってみたいのは農業だと気づいていきました。自分の退職までの日々をスマホで撮影して映画監督デビューをはたした北浦宏之さん（case1）は、映画に出てもらう先輩や友人たちに退職体験談を聞きに行くこと自体が、これからの人生の指針を得る気づきの旅でした。

何かを学び始めるというのも旅の１つです。学びには多面的な機能があることは第三章でお伝えしましたが、「自分の適性を探る」という機能もあるからです。「この道で行くぞ」と決意する必要はなく、興味があるから学んでみるという気軽さで始めてみるのがお勧めです。断捨離トレーナーとして独立した原田千里さん（case31）も、飲み会ではじめて「断捨離」という言葉を聞いて、面白そうと思って調べて学び始めたことがライフシフトへとつながりました。

坂東功規さん（case27）は本を買って、自己探究のワークをすることで、自分の適職がキャリアコンサルタントだと気づきます。第三章で紹介した「やりたいことを見つける８つのアプローチ」を実際に試してみるのも１つの旅だといえます。

ステージ２のポイントは、目的地は定かではなくてもとにかく何かをやってみること。小さな一歩を踏み出してみることです。このステージの長さは人それぞれ。５年かかる人も10年かかる人もいますが、ジタバタと動いていれば、必ずステージ３へと進めます。

ステージ３「自分と出会う」～人生で大切にしたいものに気づく

旅を続けていくうちに、やがてこれからの人生で自分が大切にしたいもの、ありたい自分、目指す目標に気づきます。それがステージ３「自分と出会う」です。

私の場合は、５年間にわたる旅の先に、夫や友人との日々の暮らしを楽しみながら、「深める」「活かす」「育てる」という３つの分野で彩り豊かに働いていく姿と出会いました。これまでの人生を振り返り、どんなときに一番幸せを感じてきたのか、なぜいまの仕事をしているのか、子どもの頃から好きだったことは何かを考えた結果、たどり着いた「ありたい自分」でした。

多くのライフシフターも、これまでの人生を振り返ることで、自分と出会っています。出会うべき自分は、すでに自分の中にあるのです。瀬畑一茂さん(case10)は、子どもの頃から「男らしくあれ」と育てられて、ずっと歯を食いしばって頑張ってきたことに気づきました。そして学生時代から心を癒されてきた信州に移住をし、地元に貢献しながら、もの作りや料理を楽しむ生活をすることが「ありたい自分」でした。

ここで大切なことは、仕事は人生の一部なので、仕事だけではなく人生全体での中で、「ありたい自分」を描くことです。山際祐治さん(case3)は、キャリアの棚卸しの中で、採用業務が一番楽しかったことを思い出し、若者のキャリア支援の道を目指すことを決意します。けれども望みはそれだけでなく、これまで仕事一辺倒だった人生に終止符を打ち、趣味や家族との時間も大切にしたいという思いもありました。「仕事も生活も大切にしたい」。それが山際さんが出会った、これからの「ありたい自分」です。そのため山際さんが選んだ働き方は、派遣で週1～3日というものでした。

これから目指すべき自分と出会うことこそ、ライフシフトの核心です。それだけにこのステージは悩み深いところです。ときにはステージ２に戻ることもあります。行きつ戻りつしながら旅は進んでいきます。

ステージ４「学びつくす」〜目的地を目指して学ぶ

自分と出会った人は、がぜんエネルギッシュに学び始めます。それがステージ４「学びつくす」です。ここでの「学び」は、ステージ２の「自分を探すための学び」ではなく、「ありたい姿にたどり着くための実践的な学び」。そのパワフルぶりは、第三章で触れました。学び方も、スクールやセミナーに通ったり、通信教育を選んだり、本で学んだり、人に会ったり、アルバイトをしたりとさまざまですが、インプットだけではなくアウトプットも積極的にすることが大切です。自分が目指す姿を周囲やＳＮＳでアウトプットすることで「それならこの人に会ってみてはどう？」とか「この本が参考になるよ」「ちょっと試しにこれをやってみて」といった声がかかり、新たな学びやチャンスにつながるからです。

私もインテリアコーディネーターの資格をとって、Facebookで「何かお手伝いできることがあればお声がけください！　勉強も兼ねて無料でやらせていただきます」と書いたら、友人たちが応援の気持ちを込めて、カーテン選びや椅子選びを相談してきてくれて、実践的な学びの機会になりました。

「言葉にすると運が動くんですよね」と話してくれたのは小規模保育園で起業した及川敬子さん（case12）です。及川さんは新聞社を退職するときから「保育園をやりたい」とぼんやり思っていましたが、まだ目途が立っていなかったので口には出しませんでした。周囲には「地域活動をします」と言っていたそう。けれども退職後に心が決まり、周囲にも「保育園をやりたい」と口に出すようになってから、いろいろな情報が入ってきて事業プランが前に進んだと言っています。

ぜひアウトプットもしながら学びつくしましょう。

ステージ5「主人公になる」～自分の人生を生きている実感を味わう

そして学びつくした先に、ステージ5「主人公になる」が待っています。思い描いた自分に近づいたと思える、自分の人生を生きていると実感できるステージです。これまでの経験や新たに学んだことを活かし、ときにはこれまで学んだことを捨てて、人生100年時代をワクワクと楽しんでいるステージです。

やっとゴールにたどり着きました！　長旅、お疲れ様でした！

ただし、「主人公になる」ステージは、終着駅ではありません。またしばらくすると心が騒ぎ始めるのです。今回のように、「雇われる働き方」から「雇われない働き方」へとシフトするような大きな変化ではないかもしれませんが、変化の時代を生きている私たちは、また何かのきっかけで、新しいライフシフトサイクルを回していくことになるのです。

これまでも私たちはこのライフシフトサイクルを回してきているはずです。私は20代後半で大きなサイクルを1回、40歳前後で小さなサイクルを1回、回していいます。皆さんも人生を振り返ってみていかがですか？　きっとこのサイクルを回した経験があるはずです。ですから恐れることはありません。

これまでも、これからも、変わり続ける、学び続ける。

それが人生１００年時代を自分らしく楽しんでいくことにつながります。

第2法則　旅の仲間と交わる

ライフシフトの旅に登場する7人のキャラクター

ライフシフトの旅は、ひとり旅ではありません。主人公は自分ですが、様々な人との出会いや交流を通じて、旅は前に進んでいきます。多くの人のライフシフト物語に登場する7人のキャラクターをまとめたのが、「第2法則　旅の仲間と交わる」です。7人すべてが皆さんのライフシフト物語に登場するわけではありませんが、何人かは必ず現れます。どんな役割を持ったキャラクターがいるのか、どんな風に現れるのか、どのように付き合えばいいのかをあらかじめ知っておくと、出会いを活かすことができるでしょう。また出会いたいキャラクターをイメージして自ら動くこともできるはずです。

ライフシフトの旅に登場する7人のキャラクター

使者（自分が大切にしたいものを気づかせてくれる）

ともだち（目的地を目指して一緒に旅をしていく）
支援者（前に進むために力を貸してくれる）
師（ものの考え方やあるべき姿を説いてくれる）
預言者（未来の社会や目指すべき生き方を唱える）
寄贈者（目的地にたどり着くヒントやアイデアをもたらしてくれる）
門番（前に進もうとするときに、その想いや意志の強さを問う）

進むべき道を照らしてくれる「使者」

最初に紹介するのは「使者」。自分が目指すべき道に気づかせてくれる重要人物です。例えば、シェアハウスに移住をした松野美穂さん（case32）にとって、イベントで偶然出会った人は、まさに「使者」でした。広い実家を守ることが生きがいだった松野さんに「モノより人が大事」と教えてくれたのです。

映画撮影のために先輩や友人20人を訪ね歩いた北浦宏之さん（case1）は、そのうちの1人の「人間は生まれたときから100年後に死刑になることが決まっている。生きている時間はどんどん減っていくのだから、毎日楽しく生きることが大事」という話が心に響き、会社員を辞めて自由な時間を楽しもうと思ったと言います。

「使者」は必ずしも人とは限りません。私の場合は、書籍『ＬＩＦＥ ＳＨＩＦＴ』が人生の長さを教えてくれ、コロナ禍や病気が住まいや家族・友人の大切さを教えてくれました。永井裕美子さん（case15）は、ジェンダーギャップ指数がＧ７で最下位というニュースが「使者」となって、女性の活躍を支援するＮＰＯを立ち上げました。守屋三枝さん（case14）が「社会に役立つことをしたい」という自分の思いに気づいたのは、「タイ人留学生が日本で苦労している」という新聞記事を偶然読んだからでした。

いつ「使者」がやってくるかはわかりませんが、松野さんや北浦さんのケースをみていると、自ら動いたことで「使者」を引き寄せています。永井さん、守屋さんは社会へのアンテナを張っておいたことが「使者」との出会いにつながりました。もしかしたら、もう「使者」に出会っているかもしれません。ずっと気になっている友人の言葉、心に残っている本の一節などありませんか？　もしあれば、それがあなたの「使者」かもしれません。

旅を応援してくれる「ともだち」「支援者」

目的地を目指して一緒に旅をしてくれるのが、「ともだち」です。私にとっては、ライフシフト・ジャパンの活動を一緒にしている元上司と先輩が「ともだち」にあたります。「暮らすように旅する」じぶん旅プランナーとして起業した田辺一宏さん（case6）は、起業後に旅行業関係の団体に入って知り合った人から「ともだち」を紹介されました。集客で苦労する中、すでにお客さんがついている営業が好きな「ともだち」とタッグを組んで仕事をするようになって、事業を軌道に乗せていきました。

「支援者」は一緒に旅をしていくわけではないけれども、常に応援してくれる大切な存在。フルーツパフェ専門店を開業した鈴木瑞穂さん（case9）の「支援者」はママ友たちです。ママ友のひとりは大田市場で青果店を営む経営者。おかげでとても良いフルーツを仕入れることができています。また最初はひとりでやるつもりが人気店になってしまい、手伝ってくれているのもママ友です。「会社員時代は気づいていなかったけれど、自転車で行ける範囲のスモールシティは魅力がいっぱい。応援団もたくさんいてくれた」と話しています。花屋を開業した和久井純子さんと江澤佑己子さん（case18）の「支援者」は、お店の常連さんです。自分たちがやってきたこと以上の仕事を頼んでくれて、それに精一杯応えているうちに、仕事の幅が広がっていきました。

「師」はあるべき姿を教えてくれる

ライフシフトの旅には、「人生の師」ともいえる人が登場することもあります。ものの考え方や、あるべき姿を教えてくれる存在です。私には節目ごとに会いに行って話を聞かせていただく人生の先輩が何人かいます。今回もそのおひとり、ご夫婦で多拠点居住を楽しむ10歳上の元上司に会いに行って、「60代ってどうですか？」と聞いたところ、「暮らしを楽しむのに忙しくて仕事はエッセンスね」との言葉が返ってきて驚きました。なぜならばその元上司はそれまでは常にバリバリと働いていらしたからです。この言葉がずっと私の心の中にあり、今回のライフシフトにつながっています。

キャリアコンサルタントに転身した坂東功規さん（case27）の「師」は認知症を患っていた母親でした。「こんな風になってしまうんだったら、もっとやりたいことをやっておけば良かった」という言葉にはっとして、自分の人生を歩もうと決断するに至ったのです。

女性のセカンドキャリアを支援する事業を立ち上げた西村美奈子さん（case13）の「師」は、昭和女子大学総長（当時は学長）の坂東眞理子さんです。仕事の関係で出会った坂東さんに「定年後のキャリアで悩んでいる」という相談のメールをしたことがきっかけで同大学の現代ビジネス研究所の研究員になり、「研究成果は社会に生かさないと」との言葉に後押しされて起業を決意したのです。

未来を解き明かす「預言者」、ヒントをくれる「寄贈者」

未来の社会や目指すべき生き方を唱えてくれるのが「預言者」です。私にとってリクルートの先輩、藤原和博さんは預言者でした。藤原さんの唱えた「八ヶ岳型連峰主義の人生モデル」に、インスパイアされて、仕事は1つに絞らず、複数の仕事をしていっていいんだと思えたからです。大杉潤さん（case21）に、生涯現役の働き方として「トリプルキャリア」という未来を解き明かしてくれたのは、コンサルティング業で出会った70～80代の企業経営者たちでした。この年齢で働き方を変える姿から、会社員時代を「ファーストキャリア」、70歳までを「セカンドキャリア」、70歳からを「サードキャリア」としてとらえる未来を着想したのです。

「寄贈者」は目的地にたどり着くためのヒントやアイデアをもたらしてくれる人。外国人向け料理教室で起業してニュージーランドへの移住をはたした富永紀子さん（case16）にとって「寄贈者」は、義母でした。夫の単身赴任を機に同居するようになった義母の温かな手料理にヒントを得て、日本の家庭料理を外国人に教えることをひらめいたのです。フルーツパフェ専門店を開業した鈴木瑞穂さん（case9）は、空き家となった築60年の自宅を建て替えて店舗にすることを考えましたが、費用が億単位に。そのときヒントをくれたのがインキュベーション施設で出会ったアーティストや建築家たち。いきなり建て替えるのではなく最小限のリスクでスタートして、アジャイルでいく（状況の変化に素早く対応していく）という方法を提案してくれたのです。その結果、６００万円ほどの改装費用で開業。昭和の味を活かした店舗も人気となっています。

意志の強さを問う「門番」

最後に紹介するキャラクターは「門番」。前に進もうとするときに立ちはだかって、反対したり、引き止めたりする存在です。よく「嫁ブロック」という言葉は聞きますね。ただ今回ご紹介した女性たちからは、「夫ブロック」という言葉は聞きませんでした。唯一、チュニジアキリムの輸入販売業で起業した佐藤恵理さん（case19）から、夫や子どもたちは応援してくれたけれど、高齢の両親からは「一家の主婦が長いこと家を空けて海外を飛び回るのはいかがなものか」と苦言を呈されたとの話がありました。働き続けている女性のパートナーはよき理解者が多いものの、両親はまだ古い価値観の場合もあり、「門番」となることもあるのでしょう。

家族以外にも会社の上司や親しい友人が「門番」になることもあります。「門番」の存在は疎ましいものですが、実はとても大事な役割を担っています。あなたの本気度を問いかけてきているからです。「門番」を説得するプロセスは、自分自身の想いの強さを確認するプロセスでもあります。そしてあなたの「本気度」が伝われば、「門番」は「支援者」に変わったりもするのです。ですから、「門番」がどこからともなく現れてもひるむことなく、「壁打ち相手」として誠実に向き合って、自身の想いを確かめていきましょう。

またよくあるのが、自分自身が「門番」だったというケースです。誰しも変わることは怖いもの。躊躇《ちゅうちょ》することもあります。私も会社員に限界を感じながら、半年ぐらいはぐずぐずしていました。そこを突破できたのは、自分の中で「変わるチカラ」が育ったからだと思っています。この話は第4法則でじっくりしていきます。

旅に行き詰まったら、人に会いに行こう

以上が第2法則「旅の仲間と交わる」です。ライフシフトの旅には、実に多様な登場人物が現れることが伝わったかと思います。よくキャリアチェンジの際には、「ストロングタイズ」（強い紐帯《ちゅうたい》）よりも、「ウィークタイズ」（弱い紐帯）が有益といいますが、確かに親しい友人や家族よりも、元上司や先輩、ママ友などの地域の緩いつながりの人が多く登場していました。それほど近くない関係だからこそ、違った視点、違った情報を持っていてそれが助けになるのです。また、たまたま参加したイベントや交流会など新たなコミュニティで出会った人も登場しています。

第2法則から言えることは、もしライフシフトの旅に行き詰まったら、人に会いに行けばいいということ。またどこに「旅の仲間」がいるかわからないから、あらかじめいろいろなネットワークを作っておくのも良さそうということです。久しぶりに「人生の師」や古くからの友人に会いに行くといったアクションもよ

いですし、新たなコミュニティに顔を出してみることも有益です。多様な人との出会いと交流を楽しみながら、旅を前に進めていきましょう。また皆さん自身も、きっと誰かのライフシフトの「旅の仲間」のはずです。そんな視点に立つと、人とのつながりもより豊かなものに感じられると思います。

第3法則　自分の価値軸に気づく

「自分のありたい姿」を形作る、3つの視点・18の価値軸

ライフシフトの核心は、これからの人生で自分が大切にしたいこと、「ありたい自分」に気づくことです。そこに気づく道のりは、一筋縄ではいかないことをここまで何度となくお話ししてきました。またたどり着く「ありたい自分」も人それぞれで、個性豊かなものです。ただ100人以上のライフシフターを俯瞰し

てみると、「ありたい自分」を構成する「要素」が浮かび上がってきました。その「要素」を「価値軸」と名付けて体系化したのが、「第3法則　自分の価値軸に気づく」です。

価値軸は、3つの視点に分類できます。そしてそれぞれに6つ、合計18の代表的な価値軸があります。人はこの「3つの視点・18の価値軸」の組み合わせで、その人らしい「ありたい自分」を構成していたのです。この「3つの視点・18の価値軸」を知ることは、これから「ありたい自分」を見つけていきたい人にとって、とても有益です。「ありたい自分」をゼロから言葉にしていくことは難しいですが、この「18の価値軸」の中から、自分にフィットするものを選ぶことは比較的やりやすいからです。ワークショップ「LIFE SHIFT JOURNEY」の中でもこの18の価値軸を使ったカードワークを行っているので、のちほどそのやり方をご紹介しますが、まずは具体的に3つの視点と18の価値軸をみていきましょう。

3つの視点の1つめは、「社会価値」です。社会とどんな風にかかわっていきたいのか、どんな分野でどんな価値を発揮していきたいのか、という視点です。2つめは「個性価値」。自分自身の志向や価値観を大切にし、能力や個性を活かしたいという視点です。3つめは「生活価値」。住む場所や時間の使い方、家族関係など自分らしい生活のあり方を重視したいという視点です。以下がそれぞれの視点ごとに紡ぎ出した、代表的な18の価値軸です。

視点1　社会価値

社会に貢献（社会の役に立ちたい、という貢献意識）
誰かのために（誰かを助けたい、生き生きとさせたい、という利他の意識）
社会を変えたい（社会課題に関する憤りや当事者意識）
気になるテーマで（特定テーマへの興味や関心）
地域のために（特定の場所、地域への興味・関心や貢献意識）
何かを生み出す（社会に新たな価値を提供したいという意識）

視点2　個性価値

自分らしく（自身の価値観とフィットしたことに携わりたいという志向）
夢中になれる（心の中にある動機・欲求とフィットしたことに携わりたいという志向）
経験と能力を活かす（これまでの経験や培った能力を発揮したいという志向）
自分の裁量で（自律的に、裁量をもってことを進めたいという志向）
責任を果たす（積極的に役割・責任を果たしたいという志向）

仲間とともに（人々との協働や共棲を大切にしたいという志向）

視点3　生活価値

家族とともに（パートナーや子どもとの時間を大切にしたいという考え方）
仕事も生活も（働く以外のライフテーマと仕事との両立を果たしたいという考え方）
好きな場所で（自身にとって快適な地域・空間で生活したいという考え方）
自分の時間（自分ひとりの時間を大切にしたいという考え方）
心穏やかに（暮らしの安定、心の安らかさを大切にしたいという考え方）
地球にやさしく（地球環境にやさしく、持続可能な暮らしをしたいという考え方）

【実践ワーク】これまでとこれから。自分の価値軸を6つ選んでみよう

「3つの視点・18の価値軸」の中で、気になる価値軸はありましたか？「LIFE SHIFT JOURNEY」では、「18の価値軸」をひとつひとつカードにして、じっくりと向き合っていただき、これまでの自分が大切にしてきたものと、これからの自分が大切にしていきたいものを選ぶというワークをしています。

それぞれに最大6枚までカードを選んでOKとしていますが、これまでとこれ

から、全く違うものを選ぶ人もいれば、３枚は共通で３枚は変わるという人もいます。これまでは「個性価値」の分野のカードばかりだったのが、これからは「社会価値」分野のカードが多いという人もいます。本当に人それぞれです。

中にはこれまで考えたこともないから選べないという人もいます。そういう人は、自分の価値軸の上に、「会社価値」「家族価値」という重たい雲がもやもやとかかっているのです。まずはその雲を取り払うことから始める必要があります。

私の場合は、こんな感じです。選んだ順番も意味があります。

〈これまで（会社員時代）〉

仲間とともに
社会に貢献
何かを生み出す
夢中になれる
経験と能力を活かす
責任を果たす

〈これから（現在）〉

自分の裁量で
仕事も生活も
家族とともに
好きな場所で
社会に貢献
自分らしく

会社員時代は、「仲間とともに」「社会に貢献」できる「何かを生み出す」ことを「夢中になって」やっていました。自分の「経験と能力も活かし」、積極的に「責任を果たす」ことを考えてきました。カードの分野としては、社会価値と個性価値のみ。生活価値はゼロでした。

現在はというと、まず選んだのが「自分の裁量で」というカード。これは「雇われない働き方」を選んだ結果、自分の人生をすべて自分でコントロールできることを実感し、それは私にとってとても大切なことだったと気づいたからです。続いて「仕事も生活も」「家族とともに」「好きな場所で」の3枚を選びました。いままでなかった「生活価値」の分野のカードです。これは大きな変化です。変わらなかったのが「社会に貢献」という価値軸。何か社会に役立つことをしていきたいという思いはずっと変わらない私の価値軸でした。最後に加えたのが「自分らしく」というカード。自分の興味のあること、自分らしいやり方にこだわって、いろいろなことをやっていきたい、そんな思いを込めています。

さて、皆さんの場合はいかがでしょうか？　第三章で考えたこれからの仕事のこと、第四章で考えた健康や家族、住まい、つながりのこと。あれこれ思い浮かべながら、ぜひ価値軸を選ぶワークをやってみてください。18の価値軸が書かれたページを開いて、これまで大切にしてきた価値軸、これから大切にしていきたい価値軸に○をつけてみましょう。これまでとこれから、マックス6つという制限が大事です。あれこれ気になる価値軸があるかもしれませんが、6つに絞る作業の中で、本当に大事にしたいことが見えてきます。時間を置いて何度かやってみて、いまの自分の気持ちにフィットするものが選べると、頭の中が整理されてすっきりしますし、迷ったときに立ち返る道標《みちしるべ》にもなるはずです。家族と一緒にやってみるのも良いと思います。きっと日頃の会話では見えにくい、それぞれの想いが見えてきます。

第４法則　変身資産を活かす

変化の時代に必要な「変わるチカラ」

第４法則は、「変身資産を活かす」です。「変身資産」とは、書籍『ＬＩＦＥ　ＳＨＩＦＴ』の中で提示された、変化の時代を生きる私たちに必要な目に見えない資産。人生に変化を起こしていく「変わるチカラ」です。『ＬＩＦＥ　ＳＨＩＦＴ』の中では、「変化し成長し続けるための意思と能力」と定義されていますが、ライフシフト・ジャパンでは、ライフシフターの分析と専門家とのディスカッションを通じて、人生に変化を起こしていく「心のアクセル」10項目、変化の歩みを止めてしまう「心のブレーキ」10項目として独自に体系化しました。

「変身資産」として「心のブレーキ」を発見できたことは、大きな成果だと思っています。多くのライフシフターは、自身の「心のアクセル」を活かすだけでなく、「心のブレーキ」を手放したり、緩めたりしながらライフシフトを前に進めていたからです。特に日本人の場合、長い会社員生活の中で、いつのまにか「心のブレーキ」が大きく育っていて、変化を妨げてしまっていることが多いように思うのです。

では具体的に「心のアクセル」10項目、「心のブレーキ」10項目を紹介しましょう。皆さんの心の中にも必ずあるものですから、自分は何を強く持っていそうか、考えながら読み進めてみてください。

人生に変化を起こしていく「心のアクセル」10

1　違和感センサー

「このままではいけない」「なんだかモヤモヤする」といった、自分の中に湧き上がってくる違和感を察知して大切にできるチカラ。

2　社会へのまなざし

日々の生活に追われて視野が狭くなったりせず、拓《ひら》かれた眼と心をもって、社会や他者への関心や共感を抱くチカラ。

3　旅立つ勇気

これまで身につけてきた考え方や習慣、積み上げてきた実績や地位を捨てて、これまでと違う道を選ぶことができるチカラ。

4　スモールステップ

大きなシフトも、最初は小さな行動から。先が見えなくてもちょっとした何かを始めてみる、悩まずにとにかくやってみるという行動特性。

5　学びのひきだし

自分にフィットした学び方のレパートリーを身につけて、学び続けるチカラ。自分をアップデートできるチカラ。

6　自己との対話

日記をつける、ひとり旅をするなど、自分と対話をする内省の習慣を持ち、自分の中の気づきや変化を見つめることができるチカラ。

7　自分らしさの自覚

どんなことが得意か、苦手か。どんなときにモチベーションが高まるのか。そんな「自分らしさ」を自覚していること。

8　マルチリレーション

様々なコミュニティに所属し、バリエーション豊かなつながりを持っていること。たくさんの「旅の仲間」がいること。

9　未来への期待

いま何歳であっても、何歳になろうとも、何かをするには十分な時間があると思えること。人生１００年時代にワクワクしていること。

10　自己への信頼

これまでにも様々な変化に対応してきたのだから、これからどんなことが起きてもなんとかできると、自分を信じ、未来の自分を楽観的にとらえていること。

変化の歩みを止めてしまう「心のブレーキ」10

1　年齢バイアス

「もうこの年齢だから遅すぎる」「年寄りは出しゃばらないほうがいい」などと、年齢や固定観念に縛られて、未来に蓋をしてしまうこと。

2　ノットリリース

いまの安定や地位を失いたくない、過去の成功体験が忘れられないなど、いま持っているものを手放したくないというマインドセット。

3　失敗する恐怖

失敗するのを過度に恐れて気になることに手を出せない、ミスを恐れて無難な選択ばかりをしてしまうといった行動特性。

4 対立からの逃避

反対意見を言われるのが苦痛、とにかく仲良くやりたい……。対人関係のぶつかりを恐れて自身の想いに蓋をし続けてしまう行動特性。

5 過度な自己犠牲

周囲の期待に応えたい、家族や子どものために自分が我慢すればうまくいく……。そんな思いから自分の気持ちや時間を犠牲にしすぎてしまう行動特性。

6 集団への同調

会社や周囲の暗黙のルールや「空気」を読みすぎて、わきまえすぎてしまい、言いたいことややりたいことを抑制してしまう行動特性。

7 完璧への執着

何をやるにしても完璧《かんぺき》にやりたいという意識が強すぎて、いつまでたっても前に進めない、新たな道に進む怖さの言い訳にしてしまう傾向。

8 承認欲求の目的化

誰かに認められたい、高い評価を得たい、褒められたい……。そうした承認欲求が「目的」となってしまい、本当にやりたいことを見失ってしまう傾向。

9 マニュアル依存

正解を検索したり、周りの人がどうしているのかが気になったり、頼るものを探して自分らしさを見失ったりして身動きが取れなくなってしまう状態。

10
人生の委任

自分で何かを決めるよりも、誰かに決めてもらうほうが楽。けれどもその結果は誰かのせいにしてしまう。そのように人生の選択を誰かに委《ゆだ》ねてしまう傾向。

いますぐ手放したい「年齢バイアス」

「心のアクセル10」「心のブレーキ10」、ご覧になっていただいていかがでしょうか？　自分が強く持っていそうだなと思う「心のアクセル」と「心のブレーキ」がいくつかあったと思います。子どもの頃から持っているものもあれば、長い会社員生活や、仕事と家庭を両立する中でいつの間にか身についていたものもあるはずです。また「変身資産」は「資産」なので、増えたり減ったりします。ライフシフトは「心のアクセル」を活かし、「心のブレーキ」を手放しながら前に進んでいくので、結果的に多くのライフシフターはたくさんの「心のアクセル」を持ち、「心のブレーキ」はずいぶん少ないケースが多いのです。

ただし「心のブレーキ」は決して悪者ではありません。人生に変化を起こそうとする際には、少し緩めたり、思い切って手放したりする必要があるだけで、例えば「失敗する恐怖」があるから、事前にしっかり準備をする。「対立からの逃避」があるから、コミュニケーションを丁寧にとってぶつかり合いを避けるなど、良い面もたくさんあります。自分の「個性」として上手にマネジメントしていけばいいのです。

また多くのライフシフターの「心のアクセル」「心のブレーキ」の使い方を見ていると、「効果的な使い方」というものがあることにも気づきます。例えば「年齢バイアス」という心のブレーキ。「年齢なんて関係ない。まだまだなんでもできる」と気づくことで、他の心のアクセルも育ち、ライフシフトはぐんと前に進みます。

私の52歳からのライフシフトは、会社の方針に心のアクセル「違和感センサー」が反応し、「自己との対話」が始まったことが出発点でした。けれども、そのあと半年ほどぐずぐずしていて、ライフシフトの旅は停滞します。振り返れば心のブレーキ「ノットリリース」（会社員という安定した立場を手放したくない）を踏んでいて動けずにいたのです。旅を一歩前へと動かすきっかけは、書籍『LIFE SHIFT』を読んで、「年齢バイアス」を手放すことができたこと。その結果、心のアクセル「未来への期待」「旅立つ勇気」がむくむくと育っていき、旅を止めていた「ノットリリース」も手放すことができました。「年齢バイアス」を手放す効果はとても大きいのです。

心のアクセルの中では、「スモールステップ」「学びのひきだし」「マルチリレーション」が、かなり活用されています。「スモールステップ」の大切さは、ここまで何度か触れてきました。まずは小さな一歩を踏み出すことで、さまざまな学びがあり、やがて「失敗する恐怖」や「完璧への執着」を手放し、「未来への期待」「旅立つ勇気」も高まっていきます。「学びのひきだし」も同様の効果があるアクセル。学んだことで「自己への信頼」が高まったという話もよく聞きます。「マルチリレーション」も他の変身資産に及ぼす影響が大きいアクセルです。多様な人と交流することによって、「自分らしさの自覚」が育ちます。自分らしい人生を生きている人との出会いは、「人生の委任」「過度な自己犠牲」「集団への同調」を手放すことにもつながります。

88歳ITエバンジェリストの変身資産とは?

自分がどんな「心のアクセル」「心のブレーキ」を持っているかは、これまでの経験を振り返ればある程度自分で想像することができますが、ライフシフト・ジャパンが開発した「変身資産アセスメント」を受検いただくと客観的にとらえることができます。WEBで200問の質問に答えることで、20〜70代の170 0人の日本人と比較した、あなたの心のアクセルと、心のブレーキの偏差値がわかるアセスメントで、その読みとき方、活かし方を考えるライフシフト・パートナーとのダイアログ（対話）とセットで提供しています（アセスメント受検料と50分の対話で8800円）。

これまで多くのライフシフターにもモニター受検いただき、その傾向を分析してきました。アップル社のティム・クックCEOから「世界最高齢のアプリ開発者」として称《たた》えられた88歳のITエバンジェリスト、若宮正子さん（case33）にも「変身資産アセスメント」を受検していただきましたが、その結果を拝見すると、心のブレーキはほぼ皆無。10項目すべてが偏差値40以下でした。心のアクセルはとても高く、中でも飛びぬけているのが「スモールステップ」「学びのひきだし」「マルチリレーション」の3つ。ライフシフターの典型のようなスコアでした。ご本人も「合っていますね！　とにかくやってみるが信条ですし、80代のいまが一番勉強しています。若者も含めてお友達もたくさんいて助けてもらっています」と話していました。さすが、我らがロールモデルです。

けれども決して若宮さんが特別というわけではありません。銀行員を定年退職後、母親の介護と両立しながら「人とのつながり」を保つためにパソコン通信を始めたことが、若宮さんのライフシフトの出発点。その後、シニアが楽しめるアプリがないことに気づき、パソコン通信で出会った若者のサポートを受けて80歳でアプリを開発するに至っています。年齢にとらわれないチャレンジを通じて、若宮さんの「心のアクセル」は大きく育ち、「心のブレーキ」は小さくなっていったのです。

第一章でもお話ししましたが、私たち女性は、これまでもさまざまな変化に対応して、「変わるチカラ」を育ててきました。ライフステージの変化に直面するごとに、「自己との対話」を繰り返し、会社の中で「女性だから」という理由でおかしなことに遭遇するたびに「違和感センサー」を働かせてきました。子育てとの両立の中で「完璧への執着」を手放した人も多いでしょう。なにより、なんだかんだと言いながら、ここまで自立して生きてきた私たち。これまでもそうだったように、これからどんなことが起きてもなんとかできるはずです。それこそが、一番大事な心のアクセル「自己への信頼」です。自分を信じ、未来の自分を楽観的にとらえて、ライフシフトの旅を前に進めていってほしいと思います。

ワクワクする未来地図を描いて、小さな一歩を

「ライフシフトの4つの法則」の説明は以上です。ライフシフト・ジャパンのワークショップ「LIFE SHIFT JOURNEY」では、この4つの法則を学び、これから大切にしたい「自分の価値軸」と人生に変化を起こしていくうえで活用したい「変身資産」を探究したあと、最後に「ワクワクする未来地図」を描いて、その実現のために明日からできるスモールステップを決めて終了します。「ワクワクする未来地図」。皆さんも描いてみませんか？　10年後ぐらいの自分のありたい姿をイメージして自由に表現するワークです。「LIFE SHIFT JOURNEY」はオンラインのワークショップなので、参加者はインターネットからイメージに合う写真を集めてきてパワーポイントにコラージュしたり、文章だけで表現する人もいます。同じようなやりかたでもいいですし、写真やイラストが多めの雑誌を10冊ぐらい集めて、パラパラとめくり、いいなと思うページをびりびり破いて集めてみるのも面白い方法です。アナログですが、目的を持って検索するのと違って、意外な写真に心奪われ、そこに「本当にありたい姿」が潜んでいたりするからです。

いずれにしても、皆さんの前には、真っ白のキャンバスが広がっています。何をどう描いても自由です。会社という枠組みやこれまでの固定観念から自分を解き放ち、誰にも遠慮することなく、どうぞ伸びやかに、ありたい姿、ワクワクする未来を思い描いてみてください。

そして「ワクワクする未来地図」が描けたら、その実現のために明日からできるスモールステップも考えてみてください。時間はたっぷりあります。できることから始めればOKです。でも何か行動を起こさなければ、「ライフシフトの旅」は始まりません。大きな変化も小さな一歩から。失敗を恐れずに、思いっきりジタバタしてください。

あとがき

さあ、いよいよ「ライフシフトの旅」のスタートですね。本書が「旅のガイドブック」としてお役に立てることを心から祈っています。とはいえ「ライフシフトの旅」は山あり谷あり。きっと迷ったり、ちょっと停滞したりすることもあると思います。そこで1つ提案です。本書を手に取ってくださった皆さん同士が「旅の仲間」となって、お互いのライフシフトを応援していくのはいかがでしょうか。

本書を出版する機会をくださったKADOKAWAのライフシフト事業チームの皆さんも、ライフシフトには「つながり」が大切だと考えていて、Facebook上に「brand new Me!」というコミュニティをつくってくれています。私もまだ旅の途中。皆さんと情報交換をしながら旅を進めていけたら心強く思っています。「ライフシフトの法則」でお話しした通り、「ライフシフトの旅」はひとり旅ではありません。ぜひ「brand new Me!」でお会いして、一緒にワクワクする100年ライフを目指していけたら嬉しく思います。

本書を書き下ろすにあたっては、たくさんの方にお世話になりました。まずご自身のライフシフト物語を惜しみなくお話しくださった33人のライフシフターの皆さんに心から御礼を申し上げます。中には最初の取材から5年が経過している方もいらして、原稿確認のやり取りの中で「その後の物語」もお聞かせいただき、ライフシフターはやはり学び続ける、変わり続ける人なのだと実感しました。

そしてライフシフト・ジャパンの大野誠一さん、豊田義博さん、ご協力をありがとうございました。100年ライフをどうすればワクワク楽しく生きていけるのか、繰り返し議論する中で、本書の骨子は生まれていきました。また第五章「ライフシフトの法則」は3人で共著を執筆する中で紡ぎ出したものです。「Good Over 60's 女性たちのライフシフト研究会」に参加くださっているライフシフト・パートナーの皆さんにも御礼申し上げます。いつも安心して本音を語り合える大切な仲間です。

大学院時代からご指導いただいている慶應義塾大学の宮垣元《みやがきげん》教授にもお世話になりました。そして女性の新しい生き方を応援するという素敵な事業を立ち上げたKADOKAWAの藤本絵里さん、的確なアドバイスをくださった担当編集者の郡司珠子さん、本当にありがとうございました。60歳という節目にこれまでの人生を振り返り、多少なりとも世の中に還元する機会をいただけたことは、この上ない喜びです。

最後に、私の旅の一番身近な仲間、夫とハナと友人たちに心から感謝します。

２０２４年11月　神奈川県三浦市のワーケーションハウスにて

調査・報告書

金融庁金融審議会 (2019) 市場ワーキング・グループ報告書「高齢社会における資産形成・管理」
厚生労働省（2019）「健康寿命のあり方に関する有識者研究会」報告書 /（2020）「転職者実態調査」/（2022）「厚生年金保険・国民年金事業年報」/（2023）「簡易生命表の概況」/（2023）「高年齢者雇用状況等報告」/（2023）「健康日本 21（第三次）の概要」/（2024）「財政検証結果の概要」
高齢・障害・求職者雇用支援機構（2018）「65 歳定年時代における組織と個人のキャリアの調整と社会的支援」
高齢者住まい事業者団体連合会（2023）「高齢者向け住まいの選び方ガイド」
総務省統計局（2022）「就業構造基本調査」/（2023）「家計調査年報」
ダイヤ高齢社会研究財団（2018）「50 代・60 代の働き方に関する調査」
東京都健康長寿医療センター（2023）「地域在住日本人高齢者における犬の飼育の認知症予防効果」
内閣府（2019）「高齢者の経済生活に関する調査」/（2020）「高齢者の生活と意識に関する国際比較調査」/（2022）「人々のつながりに関する基礎調査」「こども・若者の意識と生活に関する調査」/（2023）「高齢社会に関する意識調査」/（2024）『高齢社会白書』
日本政策金融公庫総合研究所（2012）「シニア起業家の開業」
ライフシフト・ジャパン（2022）「人生 100 年時代マインド調査」
リクルートジョブズリサーチセンター（2023）「シニア層の就業実態・意識調査」個人編 60 ～ 74 歳
リクルートワークス研究所（2021）「シニアの就労実態調査」
生命保険文化センター（2021）「生命保険に関する全国実態調査」/（2023）「生活保障に関する調査」

参考文献

ヴィヴェック・H・マーシー著 / 樋口武志訳（2023）『孤独の本質 つながりの力』（英治出版）

ウィリアム・ブリッジズ著 / 倉光修・小林哲郎訳（2014）『トランジション 人生の転機を活かすために』（パンローリング）

大杉潤（2018）『定年後不安 人生 100 年時代の生き方 』(角川新書)

大野誠一、豊田義博、河野純子、ライフシフト・ジャパン（2018）『実践!　50 歳からのライフシフト術』（NHK 出版）

河野純子（2020）『中高年のセカンドキャリアとしての「起業」の選択とプロセス』（慶應義塾大学湘南藤沢学会）

斉藤徹（2024）『小さくはじめよう』（ディスカヴァー・トゥエンティワン）

ジョン・D・クランボルツ、A・S・レヴィン著 / 花田光世・大木紀子・宮地夕紀子訳（2005）『その幸運は偶然ではないんです!』（ダイヤモンド社)

橋本修二、川戸美由紀（2022）「健康寿命の指標とその特徴―定義, 算定方法と最近の動向―」（保健医療科学 Vol.71）

濱口桂一郎（2014）『日本の雇用と中高年』（ちくま新書）

福澤涼子（2023）「老後にシェアハウスで暮らすという選択～北欧を中心に広がるシニア向けコ・ハウジングとは～」（第一生命経済研究所）

藤原和博（2021）『60 歳からの教科書 お金・家族・死のルール』(朝日新書)

三宅哲之（2023）『「小さな商い」のはじめ方 人生が楽しくなる開業のすすめ』（メイツ出版）

リンダ・グラットン、アンドリュー・スコット著 / 池村千秋訳（2016）『LIFE SHIFT 100 年時代の人生戦略』（東洋経済社新報社)

ロバート・ウォールディンガー、マーク・シュルツ著 / 児島修訳（2023）『グッド・ライフ 幸せになるのに、遅すぎることはない』（辰巳出版）

河野純子（かわの　じゅんこ）
慶應義塾大学SFC研究所上席所員、ライフシフト・ジャパン取締役CMO。1986年リクルート入社。「週刊住宅情報」（現SUUMO）副編集長、「とらばーゆ」編集長、女性のライフ＆キャリア研究チーム長を経て、2008年に住友商事に転身。17年独立。18年ライフシフト・ジャパン参加、慶應義塾大学大学院で人生100年時代のライフデザインの研究を始める。20年慶應義塾大学SFC研究所上席所員、21年上新電機社外取締役、22年ダイドーグループホールディングス社外取締役。いばらき大使。60歳を機に夫と愛犬ハナとともに、東京と神奈川県三浦市で２拠点生活を開始。共著に『実践！50歳からのライフシフト術』（NHK出版）。

60歳《さい》の迎《むか》え方《かた》　定年《ていねん》後《ご》の仕事《しごと》と暮《く》らし

2024年12月24日　初版発行

著者／河《かわ》野《の》純《じゅん》子《こ》

発行者／山下直久

発行／株式会社KADOKAWA
〒102-8177　東京都千代田区富士見2-13-3
電話　0570-002-301（ナビダイヤル）

印刷・製本／大日本印刷株式会社

●お問い合わせ
https://www.kadokawa.co.jp/（「お問い合わせ」へお進みください）
※内容によっては、お答えできない場合があります。
※サポートは日本国内のみとさせていただきます。
※Japanese text only

定価はカバーに表示してあります。

ISBN 978-4-04-115192-1　C0095